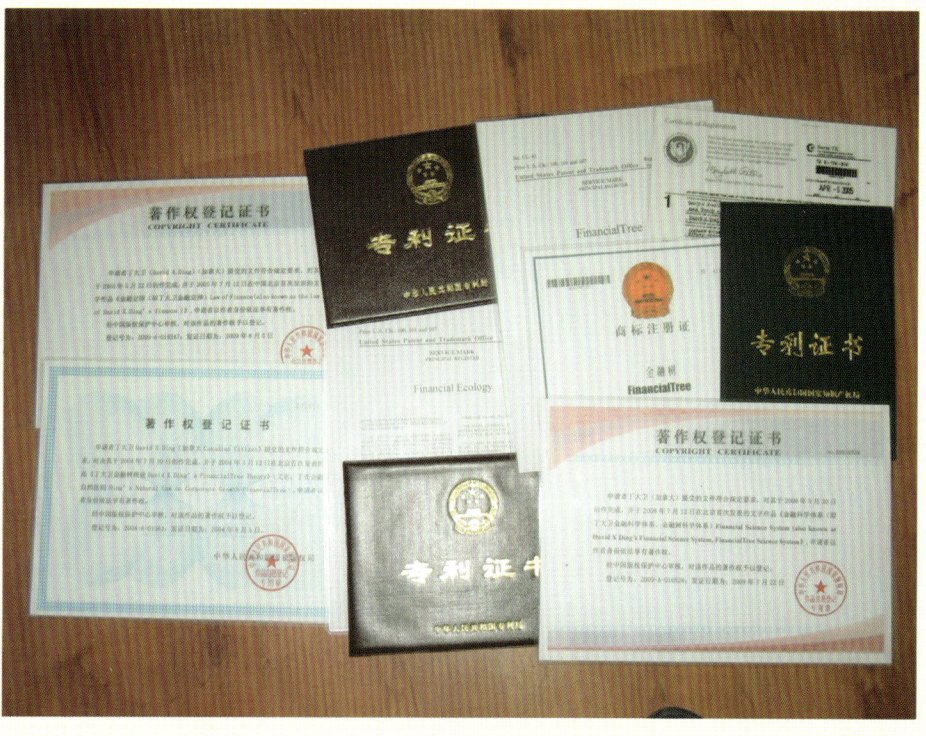

　　作者经过 20 多年的不懈努力修成正果，终于找到了金融世界的客观规律，创立多项全新的由自然科学与人文学科系统集成的金融知识体系、管理体系和教学体系等，其中包括金融树体系、系统金融学、金融生态学、金融科学、金融科学体系、金融定律等，并已获得多项国内外知识产权认证。

　　2004 年 9 月，作者应邀出席在美国雷鸟大学举行的"全球私募基金专业大会"并在会上发表主题演讲。图为作者与大会主席（前排右五）、大学校长（前排右四）及来自世界各地的演讲嘉宾合影。

笔者不才，一辈子只做了一件事，金融，学的是金融，教的是金融，做的还是金融。当现代金融在中国还未出现时，笔者已经踏上国际金融的舞台，到如今，笔者在探索金融规律这条道路上整整走过了 25 个春秋。

　　2008 年 3 月 25 日作者应邀做客央视《对话》栏目，如图所示，作者指出："次贷只是美国这棵金融大树上的一个分枝，整棵大树将要倒塌，次贷只是一个冰山的一角，因为整个金融体系出了问题，美国金融产品肆意泛滥，它将导致全球经济倒退、金融秩序混乱。"

首届中国房地产金融发展高峰论坛

"之春地产，亚太安设备安教公司提供帮助" 2004·北京人民大会堂留念

2004 年 4 月作者（前排中间）应邀参加在人民大会堂举行的"首届中国房地产金融发展高峰论坛"并发表主题演讲。

　　由于准确的前瞻性判断，作者多次应邀参加央视《对话》栏目的金融和网络节目。图为 2004 年 4 月，作者等人与雅虎创始人杨致远对话。如果杨致远看到听到作者的警告并采取措施，雅虎的股票也许就不会从 250 美元跌至几块钱一股，雅虎的现状也许就不会是今天这样。

　　2001 年 9 月作者应邀在凤凰卫视《世纪大讲堂》作《网络经济如何演绎？》的演讲。1999 年，正当网络热的发烧，蜂拥而上时，作者就开始通过各种媒体警示世人：绝大多数网络公司将倒闭，纳斯达克股市将暴跌。网络泡沫果真破灭了，全球质疑网络的前景，作者在演讲中指出，"网络将会像自来水一样逐渐渗透到每个办公室，每个家庭，然而电子商务在中国的普及至少需要一两代人的努力"。

　　2000年作者（第一排中间）应邀担任主席并主持由美国注册金融策划师协会组织的中美金融策划师论坛。作者左侧为美方代表团团长，金融策划师国际协会前任会长，美国《财富》杂志新评选的250名顶级金融顾问之一。出席论坛的还有中美金融机构的高管人员，其中包括美国摩根家族二代即小摩根和摩根三代、林肯金融集团、培基证券、诚信投资、摩根士丹利等美国金融巨子的高管人员。

　　2000年作者应邀担任主席并主持"中美商品期货发展高级论坛"。图为作者与部分与会代表和工作人员合影。

1996年作者与邻居小布什（时任德州州长、前任美国总统）及亲友一起过圣诞节。

　　1995年夏，作者（第二排中间）应邀参加在庐山举行的套期保值国际研讨会并发表《着眼现在、展望未来、立足中国、走向世界》的主题演讲。国内的主管领导、各期货交易所、期货经纪公司的创始人、负责人及部分国际期货交易所的负责人等出席了会议。

　　1994 年 11 月作者随同加拿大总理克雷蒂安率领的加拿大代表团访问中国，这是作者在中加经贸合作签字仪式上与中加领导的合影。克雷蒂安三度登上总理宝座，是加拿大任期最长的总理。

　　1994 年 8 月 21 日作者应邀参加在人民大会堂举办的《海外学者论中国》出版座谈会。该书由长期从事和主持中国经济工作，当时已年逾八旬的张劲夫老人主编，收集了陈省身、杨振宁、李政道、田长霖、程杭生、丁大卫等人的文稿。与会的有张劲夫、雷洁琼、宋健、卢嘉锡、陈省身、杨振宁、丁肇中、周光绍、张维、吴敬琏、马俊如（原外国专家局局长）、作者等人。

　　1993 年 10 月 22 日欧美同学会会长 卢嘉锡 (右一)、常务副会长张维为欧美同学会海外学长丁大卫教授颁发奖杯及证书,以表彰作者为庆祝欧美同学会成立八十周年所做的贡献。

　　20 世纪 80 年代,作者 20 多岁时就已登上国际金融的舞台,经常应邀在美各种商会、金融协会作报告,听众的年龄比他大许多。
　　本图为作者 1986 年在德州商会作报告,照片因年久模糊,后经处理。

新金融宣言

——金融洪荒时代的混沌钟

丁大卫 / 编著

宇宙是一体的，万物是相通的，
宇宙的规律令人叹为观止！
缤纷凌乱的金融世界同样有着精美绝伦的规律！

如果你能将许多看似风马牛不相及的事物有机地联系在一起，你就能获得意外发现和惊喜，也许你能找到它们的规律，因为整个地球就是由无数看似毫不相干的事物组成的全维对立统一体。此书献给所有勇于探索和追求真理的人。

中国华侨出版社

图书在版编目(CIP)数据

新金融宣言/丁大卫 编著 . −北京：中国华侨出版社，

2010.1

ISBN 978-7-5113-0220-5

Ⅰ.①新… Ⅱ.①丁… Ⅲ.①国际金融−研究

Ⅳ.①F831

中国版本图书馆 CIP 数据核字 （2010） 第 012372 号

● 新金融宣言

编　　著／ 丁大卫
责任编辑／ 文　心
版式设计／ 丽泰图文设计工作室／桃子
经　　销／ 全国新华书店
开　　本／ 710×1000 毫米　1/16 开　　　印张/18　　　字数/248 千字
印　　刷／ 北京建泰印刷有限公司
版　　次／ 2010 年 3 月第 1 版　2010 年 3 月第 1 次印刷
书　　号／ ISBN 978-7-5113-0220-5
定　　价／ 36.00 元

中国华侨出版社　　北京市安定路 20 号院 3 号楼　　邮编：100029
法律顾问：陈鹰律师事务所
编辑部：(010) 64443056　　64443979
发行部：(010) 64443051　　传真：(010) 64439708
网　　址：www.oveaschin.com
e-mail：oveaschin@sina.com

《新金融宣言》导读

侯惠民

　　这是一本全球独一无二、每个人都会受益匪浅的书。为什么这么说？因为，人类已经很大程度上从农业社会、工业社会进入到金融社会，金融已经成为我们生活中的重要组成部分，每个人都离不开金融，然而，由于缺乏正确的认识，人类根本没有掌握金融的规律，更无法驾驭金融。经过20多年的潜心研究与大量实践，作者终于找到了金融的规律，这也是人类首次揭示金融的客观规律。凭借这些规律，作者在历次金融危机爆发之前，都不厌其烦地向世人发出警告并预示了结果。自2004年以来，作者一直在为阻止这场由华尔街引发的全球金融危机的爆发进行着不懈的努力。如果美国等相关国家的领导人看到了作者的警告和预言并及时采取相应措施，这场金融灾难就可以轻而易举地避免。金融及金融危机都是全维的，这也是全世界唯一一本全维阐述金融及金融危机客观规律的书籍。

　　该书博大精深、充满智慧、深入浅出、通俗易懂。世界上任何国家的领导人、专家学者、甚至平头百姓都可从中学到前所未有、已被反复证实的客观金融规律和准确无误的系统金融知识。以金融树体系为核心的"新金融"突破人类主观意识，将金融研究科学化、自然化，把人类对金融的认识推向一个崭新的高度，解决了现代人类社会面临的最棘手问题——金融的不确定性和风险性，并让全人类受益匪浅。这也是科学发展观的最高体现和结果。

地球由万物组成，万物皆有规律，金融与危机也不例外。人类对客观世界的认识是渐进和曲折的：人类自诞生以来一直梦想能像鸟一样在天空飞翔，直到最近 100 年，人类的梦想才逐渐变为现实。1500 年前，人类认为地球是方的，并随后形成"天圆地方"之说，500 年前，人类认为地球是宇宙的中心，在实现环绕地球之前认为世界是割裂的。如今，人类可以从太空多维地观察地球，不仅天地，而且整个地球不但是一个完美的对立统一体，而且有着完美的规律。同样，人类以前不了解自然风暴形成的原因，也就无法预测、预防风暴带来的灾害，现在由于掌握了风暴的来龙去脉，人类的预测、预防能力大大提高，自然风暴带来的损失大大降低。爱因斯坦的相对论修正了牛顿时代以来人类对空间、时间、引力三者相互割裂及运动规律永恒不变的看法。作者丁大卫的金融树统一场论完善了爱因斯坦开创的统一场论。

在诸多前人研究成果的基础上，通过宇宙的视角和地球的法则，作者终于揭开了金融的神秘面纱，并相继创立了由自然科学与人文学科系统集成的金融树体系、系统金融学、金融生态学、金融科学及金融科学体系等。多年实践证明，这些全新的知识体系、管理体系、理论体系、教学体系、方法和工具不仅是该领域有史以来全球最先进、最完善、最实用、最有效的体系和方法，而且已获得众多国际知识产权认证。它们不但在理论和实践中发挥着独到作用，而且已让世界上的无数人受益匪浅。

《新金融宣言》新在哪？

《新金融宣言》新在金融的所有方面。首先，它摆脱了人类的主观意识，从宇宙的视角和地球的法则全维审视金融。其次，视角变了，看到的内容也变了——从基础名词定义、金融知识、金融理念、金融体系、金融管理、金融危机的成因、金融监管到金融规律等。"新金融"从根本上颠覆了现有金融，将所有相互割裂的金融知识和现象，其中包括会计、财务、金融、保险、衍生证券、产品设计、市场结构、管理方法、监管体系等按其客观规律系统集成为一个庞大而又一目了然、通俗易懂的科学统一体。最后，金融不再是看不见摸不着、抽象枯燥、难学难懂难用的东西，人人都可以用很短的时间，轻松学会、掌握通常需要几年才能学到和学不到的东西，且终身难忘。

《新金融宣言》向世人宣告：

1. 一套崭新的、准确无误的、符合客观规律的、行之有效的、博大精深的、通俗易懂的、系统化、科学化的金融知识体系、管理体系和教学体系的诞生。它从根本上解决了金融是从哪里来到哪里去的问题；

2. 人类之所以不断遭到金融危机的重创，就是因为人类尚未掌握金融的规律，人类对金融的认识不但是肤浅的，而且在很大程度上是错误的。这场让华尔街几乎毁于一旦的危机不仅清晰地印证了作者多年的判断和警告，而且让华尔街和美国政府自己也清醒地认识到这样一个事实，即，华尔街乃至整个人类远没有搞明白金融究竟是怎么回事，因此，人类未来仍将面临金融危机的困扰，华尔街将不断面临包括产品重新设计、定位、审批、市场结构、游戏规则、价值体系、会计准则、监管体系等在内的全面改革；

3. 一直推崇和效仿华尔街的中国对金融的认识更是欠缺。诸如"资本运营"、"证券市场"、"产权市场"、"二板市场"等众多错误有害的理念和理解"满天飞"，渗透到整个媒体和教育中，而且将继续影响中国金融和企业的健康发展；

4. 尽管金融是人类创造的，属于人类意识范畴，但仍然无法摆脱天地规律之制约，因此，人类不能随心所欲，否则，灾难将无法避免。树，乃天地规律集大成者；金融树，乃金融规律集大成者。违背了"树"的原则和规律，金融危机就一定会发生；

5. "美国阴谋"论不攻自破。次贷危机爆发以来，针对社会上流行的各种版本的"美国阴谋"论，作者指出，那是根本不可能的，如果有什么阴谋，美国政府、美国人民将是这一阴谋的最大受害者。现在事实真相大白于世，如果美国政府不出手，美国整个金融体系将彻底崩溃，华尔街将不复存在。尽管保住了华尔街，美国整体经济地位、经济实力已大幅下降，美国再也不是危机前的美国了；

6.此次爆发的美国次贷危机没有得到解决，演变为美国金融系统危机；美国金融系统危机没有得到解决，演变为全球金融系统危机；全球金融系统危机没有得到解决，演变为全球经济危机；全球经济危机得不到解决，将演变为全球贸易危机。贸易危机得不到解决，可转换为社会危机，甚至成为新的世界大战的根本原因和导火索。尽管人类同新的世界大战擦肩而过，但这种可能性依然存在。

7.通过金融树体系、系统金融学、金融生态学和金融科学等，看似错综复杂、缤纷凌乱的金融世界其实有着很强的系统性和规律性，并可一目了然地展现出来。掌握金融的系统性和规律性是驾驭金融市场、防止金融危机的先决条件；

……

作者丁大卫教授是国际著名金融专家，在 20 世纪 80 年代就成功考取了几乎所有美国金融/证券行业所需的营业执照（这是一般人做不到的），熟悉和掌握所有金融产品和体系。20 世纪 90 年代以来，他发表了大量文章，细心的读者可以发现，他的文章大多是为解决当时和未来的问题而写的。历次金融危机爆发前，如在国内期货市场发展的"高峰"时期，亚洲金融危机来临前，网络泡沫最疯狂的时候，全球金融最"兴旺"的时期等，他都逆势向世人发出了警示或提醒。如2005 年他就开始反复将这次危机给中国、美国及世界经济带来的影响和结果公之于众，这是何等的远见卓识！更可喜的是，他的预言、警告、建议都被事后发生的事实证明是准确的。我想这也是作者多年来坚持对其分析、观点的客观性、前瞻性、正确性和准确性负一辈子责任的重要原因之一，是多年来国际金融界不断聘请他提供培训和解决方案的重要原因。

书是要传世的！《新金融宣言》是继《挑战未来——国际金融专家预言中国经济》之后，作者的又一部经典之作。同样，篇篇充满非凡的前瞻性和洞察力，无处不闪烁着智慧的光芒。

《新金融宣言》为人类走出金融社会的"盲人摸象"般的"农耕时代"指明了方向。如果对世界有重大影响的主要国家的领导人能够了解金融树理论，那将非常有利于重新恢复世界经济秩序，并对全球经济的长远发展起到积极重要的作用。历史将证明金融树理论是世界金融理论界的伟大进步，是世界经济理论的一场变革。

侯惠民 中国黄金协会专职副会长、黄金投资分析师国家职业创始人、中华人民共和国年鉴编委会副主任、内蒙古大学客座教授、加州美国大学亚太中国区客座教授、博士及硕士生导师。

新金融与天地规律

丁大卫

> 金融与天地规律看似毫无关系，其实密不可分，只是人类还远远没有认识到。

人类逐渐从黑暗走向光明

一方面，几千年的人类文明史在人类历史的长河中只是短短的一瞬间，漫长的人类历史在地球的历史长河中也只是弹指一挥间；另一方面，人类的感官系统严重地制约了人类认识客观世界的能力。比如，人类的视觉是单向的，只能看到事物的一个点或一个面；人类的视觉是近大远小，与客观世界严重不符。因此，人类对宇宙万物的真正了解还仅仅是一点点；人类对宇宙万物的认识是渐进式的；人类对宇宙万物的初始认识往往是错误的。比如，人类自古以来一直认为，天是圆的，地是方的，地球是平的、是割裂的，太阳是宇宙的中心，中国是地球的中心等。这些错误的认识直至最近几百年才得到纠正。几十年前，我们中国人常说，人定胜天，改造自然，现在我们发现这种观念非常荒诞。又比如，现在人们常说，任何事物都有正反两面，这句话听似客观，充满辩证和哲理，其实不然，你仔细想想，哪一个事物不都是有至少好几个面？比如针对全球气候变化和金融监管一事，很多国家都看到了问题的许多不同方面，因此观点不同。又比如，哪一个物体不是由上下左右前后等好几面组成，三角形物体也要有四面才能组成。由此可见，事物的存在和发展往往是多维甚至是全维和系统的。而系统和内在的东西更不容易被人类觉察。因此，那种"正反两面的世界观"显然是错误和误导的。

人也是天地的产物，依存于天地规律之中，因此，揭示和掌握天地规律是人类唯一的生存发展之道。事实上，人类所有的发明创造都是在对自然规律认识和掌握的基础上完成的。

人非生而知之，实践出真知，因此，人类往往经历过某个社会某个时代，才有可能对这个社会或时代有个基本了解。例如，在漫长的原始社会和农耕社会，自然灾害是人类的"天敌"，人类一直认为风、雨、太阳及自然灾害是被什么风神、雨神、太阳神等神仙掌控，因此，为了避免灾难、期盼风调雨顺，祭拜各路神仙就成为人类活动的重头戏，北京的天坛、地坛、日坛、月坛、先农坛等就是最好的见证。人类在走完了农业社会的农耕时代才恍然大悟，原来风神、雨神、太阳神等不过是人类主观的封建迷信，刮风下雨乃自然规律。

现在尽管人类的发展进程很不均匀，但人类已基本上从农业社会和工业社会进入到以信息为主导的金融社会。在人类尚未找到金融的客观规律前，人类对金融的认识也只能是充满主观意识的猜测和想象。正因为此，就连获得诺贝尔奖的金融理论也都是各种理论假说或充满假设的定价模型，根本解决不了任何实际问题；正因为此，金融危机不断发生，金融的不确定性是困扰全人类的最大难题。人类正处在金融社会的"农耕"时代。

宇宙万物皆有规律，金融也不例外

宇宙天地，不管它有多大，有没有边际，它都是一个精美绝伦的统一体，否则，它不可能存在，更不可能存在如此之久。既然宇宙天地是一个统一体，那么宇宙万物就一定是相互关联，且皆有规律的。既然宇宙万物是相互关联，且皆有规律，那么揭示宇宙万物的知识和规律一定是相通的。无论 2500 年前毕达哥拉斯的发现"万事万物背后都有数的法则在起作用"，几百年前牛顿的万有引力"自然界中任何两个物体都是相互吸引的，引力的大小与两物体的质量的乘积成正比，与两物体间距离的平方成反比"，还是近代爱因斯坦的统一场论等，都从不同角度和学科印证了上述客观现象。许多伟大的科学家如牛顿、达芬奇等集许多不同科学为一身的事实就是最好的现身说法。因此，人类对宇宙万物的认识，不通则已，一通百通。因为一生万物，万物归一。

笔者站在众多科学巨人的肩膀上，通过宇宙的视角和地球法则，经过 20 多年的潜心研究与大量实践，终于找到了金融的客观规律。这是人类首次发现，也是人类刚进入金融社会不久就发现了金融的规律。这也是整个金融体系的唯一规律。根据这一发现，笔者创立了一系列金融定律和以金融树为核心的"新金融"，即金融科学体系，其中包括金融树体系、系统金融学、金融生态学、金融科学等。

新金融将照亮整个金融世界

从人类社会发展的历史看，现在人类刚刚进入金融社会，正处于金融社会的"农耕"和"盲人摸象"时代。如前所述，在农耕时代，农业是人类的主要生活方式，充满了危机和不确定性，灾难、饥荒司空见惯，人类对农业的认识充满了迷信色彩。最终，是科学尤其是农业和气象科学把人类从农耕时代带领到科学的农业时代。

同样，在当前的金融"农耕"时代，金融（银行、保险、股市、商品市场、房产、投资、理财、商品流通、信用卡、旅游、财务、会计、物流、销售、退休金、金融信息）已成为人类的主要生活方式，离开了金融，几乎没有哪个行业、哪个人可以生存。金融危机和金融的不确定性已成为人类的最大威胁。人类对金融的认识完全是个人主观意识。在新金融问世之前，整个金融世界充满了不确定性，没人晓得会不会发生金融危机，什么时候发生，如何发生，影响有多大。人类还没有搞清楚金融到底是不是科学，或者说金融是否具有科学性。全世界都把金融界定为人文学科；全世界还没有一条金融定律或规律；全世界没有一所学校、一本教科书提供系统的金融知识，因为没有人知道系统的金融知识是什么。因此，目前的金融教材、教学线性发展，不成体系，与现实严重脱节，难以解决现实问题，更不要说金融危机了。

以金融树为核心的新金融揭示了金融的所有规律，因此，它开创了金融科学的先河。由于掌握了金融与危机的来龙去脉，历次金融危机爆发及许多著名企业倒闭之前，笔者都曾不厌其烦地向世人发出了警告并预示了结果。过去的几年来，笔者一直在为阻止这场由华尔街引发的全球金融危机的爆发进行着不懈努力。事实胜于雄辩，本书就是大量事实的记录。笔者通过此次金融危机爆发前别人和自己公开发表的文章和危机后的总结，向全世界宣告：同宇宙万物一样，金融有着完美规律，所有金融危机、经济危机、企业危机都是可以预测、预防和避免的；全世界所有想学的人都可以通过金融树体系轻而易举地学会准确无误的系统金融知识。

人类的肉眼只能看到事物的表象或表层。比如，整个地球总共有八个圈层，人类的肉眼只能看到地球表层的东西。然而，决定事物存在和变化规律的往往是事物内在的东西，比如，地震就是地球内部介质局部发生急剧的破裂，产生的震波，从而在一定范围内引起地面振动的现象。因此，我们要学会透过现象看本质的方法，只有学会了看待事物的正确方法，才有可能掌握客观规律，一旦掌握了客观规律，你便不通则已，一通百通。

本书的目的、结构和内容就是为了帮助读者实现金融世界的"一通百通"而设计安排的。

第一章，读者通过大量事实记录首先看到的是，新金融硕果累累的现象，即以金融树、金融科学为核心的新金融不但可以前瞻未来的风向，而且可以准确无误地预测金融危机、经济危机、企业危机何时爆发，如何爆发，结果如何，并进一步预示了人类将要面临的最大危机。

第二章，揭开新金融的表象，读者可以轻松找到金融树通晓金融与危机来龙去脉背后的原因——金融树，乃金融知识、金融产品、金融规律的系统集成。笔者通过一棵树，结合实际情况和案例将金融的知识、产品、规律、作用、相互关系等，从树根到树干，从树干到树枝，从树枝到树叶；从会计准则到衍生证券，从保险到对冲基金，从金融市场到金融监管，从金融体系到金融知识体系等，一环扣一环、环环相扣，按照事物的发展规律、先后顺序、逻辑关系等描绘得言简意赅，淋漓尽致。

第三章，运用刚刚掌握的系统金融知识和规律，我们再回过头看此次金融危机发生的经过，很多读者就会发现此次危机发生的原因不仅是人为的，而且如此荒唐，只能用漫画的形式描述它。同时也让读者在探寻和学习金融规律的严谨思维中稍事休息，以便进入更深层次的挖掘和更多的发现。

第四章，我们知道，根深才能叶茂，根深才能蒂固。如果说前面我们看到的是金融树的作用（开花结果，枝叶繁茂）等，读者将要看到的是，这些现象背后的原因，即以金融树、金融科学为核心的新金融为什么能高屋建瓴、知微见著、通俗易懂、博大精深，它的根源是什么，它的根源在哪里，又能给人类带来什么样的光明。

Contents
目录

第一章
前瞻未来的风向

研究经济问题和金融问题实际上就是研究未来，研究如何将未来的风险锁定，转移。然而未来充满未知，因而如何对未来作出定性甚至定量的分析，这是人类面对的最大挑战。如果能够在事情发生时前瞻性地预见到它的未来，这是最有价值的。

第二章：树说金融
没有正确的概念，就没有正确的金融

　　没有准确的金融概念，就根本不可能找到金融的客观规律，更无法有效展开财富的创造。事实证明，金融的属性、逻辑性、系统性、全维性、来龙去脉、变化规律、局部与整体的关系和作用等一切的一切同树如出一辙，因此，金融就是树！

第三章
金融危机纪实与漫画

　　美国次贷危机引发美国金融系统危机，美国金融系统危机引发全球金融系统危机，全球金融系统危机引发全球经济危机，全球经济危机引发全球贸易危机。然而，引发这一系列不该发生的事实的原因竟是如此荒诞滑稽，似乎只有用漫画才能勾画出来。

第四章
金融树，昭示新金融

树，以全维的方式与宇宙万物互动，无事不知，无所不晓。如果我们不愚蠢，我们可以让树启迪人类思维，让树的智慧、规律、逻辑和记忆向我们提供各种各样有用的知识，使我们既可通晓过去，也可预卜未来。"金融树"正是通过树揭开了金融与危机变化无常的神秘面纱，找到了金融的唯一系统规律。

第一章：前瞻未来的风向

核心提示：研究经济问题和金融问题实际上就是研究未来，研究如何将未来的风险锁定，转移。然而未来充满未知，因而如何对未来作出定性甚至定量的分析，这是人类面对的最大挑战。如果能够在事情发生时前瞻性地预见到它的未来，这是最有价值的。

摘自丁大卫《挑战未来——国际金融专家预言中国经济》

新金融宣言 · XinJinRongXuanYan

第一节：挑战金融风暴的人

核心提示：

　　万物皆有规律，金融与危机也不例外，一旦掌握规律，你就知道金融与危机是从哪里来，到哪里去。历次金融危机爆发之前，笔者都不厌其烦地向世人发出警告并预示了结果，过去的几年来，笔者一直在为阻止这场危机的爆发进行不懈的努力。

　　华尔街卷起的风暴，突如其来、涤荡全球，无数人为之震惊、恐慌。然而，风暴中有这样一个人，多年来，他一直在为阻止这场风暴的爆发，孤独地、清醒地、不遗余力地战斗着。这个人，就是国际著名金融专家、金融规律的发现者、金融定律的发明人、历次金融危机预言家、国际企业管理专家、国际金融权威人士、金融树体系、金融树统一场论、金融树时空体系、系统金融学、金融生态学、金融科学体系的发明人和创始人，丁大卫教授。

　　在丁教授看来，金融就是"水"，金融市场就是"库"。水是流动的，冲击力和破坏力很大；库是固定的，防御性和拦截性很强。"水"和"库"是对立的统一体。3年前，正值华尔街进入发展的"鼎盛"时期，世界各国纷纷效仿之时，丁教授通过金融树体系，警觉地发现整个美国"水库"体系凸显潜在危机，整个金融体系严重脱节，肆意泛滥。然而，他的多次警示和预告并没有引起世人的警觉。相反，很多人关注的是"中国金融危机无法避免"这样一个当时表象化但根本不存在的可能性问题。

　　开始，只是水库的大堤渗水，如果及时发现，及时修补，不费吹灰之力就可以把问题解决。由于不懂得金融的属性、系统性和规律，导致一个个水库相继被冲垮。面对整个华尔街即将被淹没的现实，美国的监管当局和从业人员终于如梦初醒，原来，不是哪一家投资银行、哪一家保险公司或哪一家证券公司将要倒闭，而是美国这棵金融大树上的所有金融机构都将倒闭，整个实体经济，乃至全球经济也将面临重创。"死"到临头，他们感到惊恐万分，似乎末日就要来临。可此时，几乎所有"水库"的大堤都被冲垮，到哪里去找阻止"洪水"进一步冲击所需的土和石头呢？

　　丁教授深信万物是相通的，宇宙是一体的。万物皆有规律，人类的历史就是对自然世界不断探索、不断发现的历史。很久以前，人类认为天是圆的，地是方的，根本不知道刮风下雨的原因和规律，只能"靠天吃饭"。现在人类不仅已经掌握了自然风暴的规律，而且可以遨游太空。

　　为探索金融规律，丁教授的足迹曾"遍及万水千山"，从传统的金融理论、经济学、数理学、机械学、物理学、力学、心理学、哲学、宗教等，到地球物理学、植物学、进化论、气象学、宇宙学、同质多象、统一场论及时空理论等。然而，让他受益匪浅的却是各种自然现象。对于爱因斯坦来说，全部的自然界尤其是全部的物理学是统一的整体。他认为在自然界纷繁复杂、千差万别的现象背后，必定具有内在的统一性。对丁教授而言，包括会计准则在内的全部的金融（学）是统一的整体。看似错综复杂、缤纷凌乱的金融世界，其实有着很强的系统性和规律性。科学的目标就是发现规律，预测未来。通过研究自然界树的成长变化规律，他终于找到了金融的规律，而且是金融的唯一规律。凭借此，他曾在历次金融危机爆发前及许多企业倒闭前，如新疆德隆、中关村科技、美国的安然等，多次向世人发出警示，并预示了它们的结果。

　　他发现尽管金融属于人类意识范畴，但仍然无法摆脱天地规律的制约，人类不能随心所欲。他确信所有金融危机都是人为的，都不应该发生，都是可以避免的。但在人类掌握金融的基本规律之前，金融危机是难以避免的。他率先将自然科学与人文科学系统集成，创立了一系列全新的系统学科。多年的研究与实践证明，金融就是"树"，违背了"树"的原则和规律，金融危机就一定会发生。

丁大卫创建的金融树理论体系：通过金融树体系、系统金融学、金融生态学和金融科学等，看似错综复杂、纷繁凌乱的金融世界其实有着很强的系统性和规律性，并可以一目了然地展现出来。掌握金融的系统性和规律性是驾驭金融市场，防止金融危机的先决条件。（上图为金融树证券市场示意图）

为阻止这次全球金融海啸演变为现实，丁教授多年来全身心投入，呕心沥血、不遗余力，采取了大量行动：

几年前，他曾试图说服美国国会和美国财务会计准则委员会用金融树价值体系取代现行的、单一的会计价值和市值标准，因为二者都无法客观、准确、及时地反映企业的真实价值，做不到这点就是对经济价值的扭曲，并将导致严重后果。会计价值是过去价值，待财务报表出来，一切已经晚了或者完了，已成既定事实。这就是为什么许多金融机构的负责人看到报表马上辞职的原因。市值指的是即时的市场价值，即 mark-to-market。正是这一会计准则在技术上导致许多具有百年历史，价值百亿、千亿的金融帝国在短短几天内大幅缩水、破产倒闭、甚至化为乌有，几百年的华尔街几乎毁于一旦。这显然是不合逻辑，而且是大错特错，甚至是违背天理。非常遗憾，美国的管理当局刚刚开始意识到上述会计准则问题的严重性，并已在 10 月 3 日通过的救市法案中授权美国证监会停止使用市值计算方法——这一实施多年的、最重要的会计准则之一。10 月 15 日，欧洲议会和欧盟成员国政府同样决定修改欧盟现行会计准则中有关按市值计算资产价值的规定，以帮助金融机构更好地应对当前的金融危机。尽管如此，欧美各国还不知道如何具体实施操作。事实上，丁教授早在 5 年前就已解决了这一世界头等难题。因为通过金融树价值体系，任何一个企业、一个国家的任何价值，如过去价值、现在价值、预期价值、未来价值、会计价值、评估价值、市值等，都可以即时地、一目了然地显现出来。如果美国当时采用了这套价值体系，这场危机根本就不会形成，更不用说爆发了。

在 2005 年 9 月 11 日 "中国（上海）期货投资国际论坛" 上，在题为 "金融树演绎人民币汇率走势及中美金融" 的演讲中，及同年 11 月《商务周刊》的《美国赤字加剧的中国问题》一文中，丁教授分别指出："根据金融树生态体系，美国这棵金融树树干的两侧严重失衡，如果不是树根牢固及树干的良好弹性和灵活性，树干早已死亡。这种严重失衡的状况若长期得不到修正……整棵树将有可能倒毙。……美国这棵大树一旦倒了，一定会殃及全世界。……解决美国赤字问题迫在眉睫，而且事关全世界。……美国的赤字，尤其是贸易不平衡，也是世界的赤字和世界的贸易不平衡。……它关系到全球的经济发展和金融稳定。……就必然发生美元及美元资产的大幅贬值，美国人生活水平下降。此外，由于全球经济很大程度上是以美元为坐标的，因此，美国经济大衰退一定会导致全球经济的倒退和混乱，其中很可能包括人民币汇率大幅升值，……而人民币汇率大幅升值，将给中国的外贸出口乃至整个经济发展带来极大的牵制和打击。

不断膨胀的美国赤字，将不断削减美国经济抵抗风险的能力，并将最终导致美元的兑换值急剧下降。然而，灾难并不是不可避免，但需要美国做出艰难而痛苦的抉择，因为它意味着美国生活方式的改变、美国人民生活水平和美元购买力的下降。而美元购买力和美国人民生活水平的下降，也意味着中国将很大程度上失去美国这个曾给中国带来大量贸易美元的大市场。

随着危机爆发的逐步临近，丁教授于 2006 年 10 月及 2007 年 3 月 1 日，分别在《商务周刊》发表的《金融无国界》和新浪网等媒体发表的《金融无疆界 风险无极限》的文章中，用提示语写道："资本市场风起云涌并已踏入一个根本性和全球性变革的时代。人们在充分享受现代金融带来的前所未有的便捷、舒适、高效的美妙生活的同时，千万不能忘记，繁荣背后蕴藏着巨大的危机，如果管理不当，现代金融就有可能变成洪水猛兽，以排山倒海之势将一个国家、一个地区乃至全球的经济彻底冲垮，而且是在瞬息之间。这就是金融的魅力、穿透力、杀伤力和速度。"

为阻止这场席卷全球人为灾难的发生，近年来，他曾多次试图与美国总统布什会晤，在几次演讲中，他半开玩笑地说，美国总统最应该做的一件事就是找他谈谈，他要告诉总统金融灾难将要爆发和如何避免。否则，全世界都将遭殃，尤其是美国。非常遗憾，由于时间、精力、资源等有限，他未能如愿以偿，危机还是爆发了。同时他对美国某些政府部门的官僚作风、不负责任、效率低下的行为深恶痛绝。

前年美国次贷危机爆发后，为阻止次贷危机演变成全球性系统金融危机，他在给国家主席、总理及证监会主席的建议函中指出，由于欧洲的经济、金融结构同美国如出一辙，所以他们爱莫能助，自身难保。因此，现在阻止一场有可能演变为全球性系统金融危机的历史性和市场性机遇摆在中国面前。中国不但应该而且有能力阻止美国次贷危机演变成全球性金融危机。金融市场很大程度上是信息市场、心理市场、信心市场和预期市场。因此，中国股市没有必要，特别是在全球股市普遍持续下挫的情况下，跟着美国走。否则，它将向摇摇欲坠的全球金融市场发出一个糟糕的信号。它无疑将很大程度上加剧全球金融市场衰退的可能性。如果连受美国次贷危机牵连微乎其微的中国都顶不住这次危机的冲击，那么此次危机演变成系统性全球金融危机将成必然，中国也将遭受严重损失和后果。现在的事实和结果都很清楚，欧美的金融都垮了，无力自救，都希望中国能扮演中坚力量。然而，中国的股市也垮了。去年可以轻而易举解决的问题，由于错过了最佳时期，现已"病入膏肓"，不仅没那么容易了，而且现在的难度、复杂性和风险要比以前大无数倍。

2008 年 3 月 25 日丁教授应邀参加央视《对话》栏目时，他指出："次贷只是美国这棵金融大树上的一个分枝，整棵大树将要倒塌，次贷只是一个冰山的一角，因为整个金融体系出了问题。美国金融产品肆意泛滥，它将导致全球经济倒退、金融秩序混乱"。即使在此时，如果有关国家的监管当局和领导能够意识到次贷危机并非孤立的个案，采取相应的措施，这场全球金融灾难仍然是可以避免的。在此后的另一个电视专题讲座中，他图文并茂地将次贷危机如何演变描绘得更细致。

为防止这次危机的爆发，阻止次贷危机演变为全球系统性金融危机，在此次危机爆发和全球化之前，除上述文章和演讲外，他还发表了多篇警示性文章和采访，如：《中国不但应该而且有能力阻止美次贷危机演变成全球性金融危机》、《美国金融"沦陷"启示录》、《516 万亿美元！全球衍生金融交易合约的泡沫杀伤力》、《全球金融"整体沦陷"》、《丁大卫：金融市场的守望者》、《丁大卫：领跑全球金融》等。

此外，历次金融危机爆发前，他都多次向世人发出警示，并预示了它们的结果。

20 世纪 90 年代初期是中国经济改革以来最艰难、最危险的时期。新旧体系交织，百废待兴，有效的经济法律法规尚未出台，通胀高居不下，整个经济、金融混乱经营，犹如一匹脱缰野马，随时都有翻车的可能。意识到上述问题的严重性，丁教授曾向国务院等部门提出过许多有益建议，这些建议的采纳实施曾两次帮助中国避免金融危机的发生。1993 年，正当全国上下大张旗鼓盲目发展期货市场的高峰阶段，中国商品期货交易所从无一下子发展到 60 多个国家级交易所，其数量已超过世界其他国家和地区的总和，他逆潮流而上，果断地向国务院等有关部门指出，发展我国金融市场的当务之急是，加强宏观调控，整顿金融秩序，坚决制止期货市场盲目发展的现象。经整改，原有的交易所数量锐减为目前的几家，期货市场盲目发展的现象得到了根本的遏制，国家避免了巨大损失，有效地抑制了通货膨胀。(美中不足的是，国家未能及时制止国债期货交易，从而导致崩盘，造成巨大金融灾难) 与此同时，他进一步指出，作为众多大宗产品（如粮食、棉花、石油等）的产销大国，中国必须在客观许可的时间内，建立起自己的、有国际影响和竞争力的相关产品的交易所，否则，中国将永远处于被动局面。今天，我们已经可以切身感到国际石油、粮油等价格对中国经济及百姓生活产生的影响；

1996 年年底，正当中国股市在"97 香港回归"大旗的号召下，和"牛年走牛市"的鼓舞下，疯狂暴涨，即将崩盘的关键时刻，丁教授果断地向监督部门指出："发展我国证券市场的当务之急是抑制过度投机，培育理性投资"；

1997 年，当很多人提出国有企业要走出困境，就要在资本市场寻找出路时，丁教授在给时任副总理的朱镕基的《有关国企改革与证券市场发展》的报告中却提出，不能用股民的钱冲销企业和银行长期积累的呆账坏账，这种认识是十分错误和危险的，这个方案的实施将严重影响股票市场的健康发展；

1997 年春，当台湾的加权股指跌破 4000 点时，他趁机入市，并于当年秋天，当股指上升到 8000 点以上，亚洲金融风暴来临之前，在向世人发出警示的同时，他全部撤出；

1999 年 3 月他曾向朱镕基总理建议成立国务院金融风险监控小组，并指出，在金融业越来越发达、风险越来越大的今天，一个国家没有金融安全，就不会有经济安全；没有经济安全，就不会有国家的安全；

1999 年年末至 2000 年年初，正当网络经济风靡全球，蜂拥而上时，他逆势通过央视、报纸、国际互联网大会等预言它们将要崩盘。他指出"绝大多数网络公司将倒闭，纳斯达克股市将暴跌"，果然没过多久，预言如期应验。为此，凤凰卫视邀他在《世纪大讲堂》作"网络经济如何演绎"的报告；央视《对话》邀他与 Yahoo 创始人兼 CEO 杨致远对话，与新浪网创始人王志东等对话。2000 年 9 月，网络泡沫破灭了，网络公司纷纷倒闭，互联网的发展坠入了低谷，全球都在质疑网络的前景，然而在凤凰卫视《世纪大讲堂》上，丁教授指出，"网络将会像自来水一样逐渐渗透到每个办公室、每个家庭，然而电子商务在中国的普及至少需要一两代人的努力"。

2001 年 9·11 事件前的若干年里，他曾多次告诫他认识的美国朋友，纽约的世贸中心是极端分子袭击/报复/羞辱美国的首选和最佳目标。然而让他吃惊和不能接受的是美国政府和军方竟没有意识到这点。

还有更多的警示和预测汇集在他撰写的《挑战未来——国际金融专家预言中国经济》一书里。

20 多年以来，丁教授始终自愿坚守承诺：对所传授的所有知识及每一个观点和判断的客观性、前瞻性、准确性和正确性负一辈子责任。

该文作于 2008 年 10 月，2008 年 12 月 3 日发表在《搜狐财经》，作者王庆丰，责任编辑魏喆。

第二节：美国赤字加剧的中国问题

核心提示：

2005 年中美贸易失衡加剧的同时，美国的财政赤字也不断刷新历史纪录。笔者多次指出，作为世界经济的火车头，美国的巨额赤字不但为美国未来的经济发展和目前的金融市场蒙上了一层阴影，也使作为美国第一大贸易顺差国和第二大国债持有国的中国面临左右为难的境地。解决美国赤字问题迫在眉睫，而且事关全世界，美国这棵金融大树一旦倒塌，一定会殃及全世界，中国的对外出口、外汇储备乃至整体经济，都将受到严重冲击。如果政府当时采取相应措施，现在的一切就不会发生。当然中国也就不会陷入进退两难的境地。

根据美国总审计长戴维·沃尔克披露，目前每个美国人的平均负债为 14.5 万美元，折合每个全职工作者平均负债为 35 万美元。

这些负债只是把美国的财政赤字和贸易赤字平摊在每个人或每个全职工作者身上，并不包括信用卡、房贷等个人负债。这些负债每天都在上升。美国人平均每挣 100 美元，能剩下的还不到 1 美元。

从 2000 年的 2360 亿美元政府财政盈余变为去年的 4120 亿美元的政府赤字，美国白宫于 6 月 25 日宣布， 2005 年美国政府的财政赤字将达到 4270 亿美元，这意味着美国政府的财政赤字将连续 4 年持续上升，并将再次创下美国政府财政赤字的最高纪录。近年来，美国政府只能靠借债度日，日本是购买美国债券最多的国家，中国购买的美国债券也越来越多。

而作为一个国家，美国每天花在进口的服装、汽车等物品上的钱，要比除美国外的整个世界每天从美国进口的物品多 19 亿美元。今年美国的贸易赤字将达到 6800 亿美元。根据美方统计，与中国的贸易逆差为 1620 亿美元，中国是美国最大的贸易逆差国；其次是日本，为 750 亿美元。

美国总体经济生态环境的根本变化及金融资产的属性，是导致美国从 2000 年 2360 亿美元的财政盈余变成了去年 4120 亿美元政府赤字的根本原因。纳斯达克股指从 2000 年的 5000 多点跌至 2002 年末的 1000 多点，标志着美国整体金融资产价值的大幅缩水。"9·11"、美国出兵及持续占领伊拉克等事件导致美国财政生态环境不断恶化，近期飓风带来的损失，对美国的财政赤字无疑是雪上加霜。

根据金融树生态体系，美国这棵金融树树干的两侧严重失衡，如果不是树根牢固及树干的良好弹性和灵活性，树干早已死亡。这种严重失衡的状况若长期得不到修正，生态环境一旦发生重大恶化，尤其是突发性根本变化，整棵树将有可能倒毙。作为全球经济的火车头、全球最大经济载体和金融体系，美国这棵大树一旦倒了，一定会殃及全世界。尽管美国这棵大树倒塌的可能性很小，但并不是完全没有可能——象征美国商业帝国的世贸大厦之所以倒塌，就是因为事发之前几乎没人能想到它会毁于几个亡命之徒之手。即使这棵大树不会轰然而倒，它也会面临逐渐枯竭、萎缩的可能。因此，解决美国赤字问题迫在眉睫，而且事关全世界。从一定意义上看，美国的赤字，尤其是贸易不平衡，也是世界的赤字和世界的贸易不平衡。

看起来，美国的财政赤字主要由美国政府和美国人自己解决。解决的方法无非是改变和改善美国财政的生态环境和机制，当然运气也是必不可少的，假如美国企业再催生出一场新的技术革命，美国的财政状况也许就会大为改观。

但贸易顺差和逆差是双边贸易不平衡的结果，因此美国的贸易赤字单靠美国是很难解决的。中国作为目前美国最大的贸易逆差国，自然就成为美国的主攻对象，美国要求中国提高人民币汇率以降低美国的贸易赤字是意料之中的事。20 世纪 70~80 年代，日本和中国台湾也曾经是美国最大的贸易赤字制造者，美国主要是通过日元和台币的大幅升值来消减它的巨额贸易赤字。日元从当初的 1 美元等于 360 日元到 80 年代后期的 1 美元等于 100 多日元，台币兑美元的固定汇率从 1960 年的 40∶1 一直维持到 1973 年 2 月美国宣布美元贬值 20% 为止，之后台币也持续攀升。

按照上述方法解决中美贸易不平衡非常简单，但却行不通。首先，作为发展中的经济大国，贸易出口对中国的经济增长功不可没，并将继续在未来的经济增长和国民生产总值中扮演重要角色，因此，中国绝不希望人民币汇率短期大幅升值，这将给中国的经济尤其是出口经济带来沉重打击；其次，尽管从理论上和技术上美国可以通过美元贬值变相提升人民币兑美元汇率，但在贸易、金融全球化的今天，几乎所有国家的货币都是以美元为兑换基准的，其中一些国家和地区（包括中国的香港）的货币是与美元挂钩的，即联席汇率，美元汇率的任何微小变化都将影响全球汇率变化，那将是一件不堪设想的事。

显而易见，中美双方在如何解决贸易不平衡的问题上，需要表现出更多的智慧、创造性、灵活性和相互理解。汇率是关键，但完全依赖汇率解决上述问题是不可能和不现实的。

事实上，在贸易和金融全球化、一体化的今天，中美、中日、美日等许多国家的经济关系已经变成你中有我、我中有你，是树根与树干、树干与树冠的相互依存关系。

出口贸易在中国的国民生产总值中占有很大的比重，对中国的经济发展至关重要，中国的外汇储备从改革开放初期的捉襟见肘到目前的世界前列，这一切都证明中国不但需要而且离不开像美国这样巨大的出口市场。同日本一样，中国需要给在美国及其他市场赚取的大量贸易美元寻找一个安全、可靠的出路（投资渠道），否则，这笔数额庞大且不断增加的贸易顺差将会损失时间价值并面临其他风险。几乎与此同时，美国的财政支出远远超出收入，因此，需要从国际上借钱，否则，政府就无法运转。这样一来，日本、中国等国用大量的贸易美元购买美国的国债，其结果不但为大量的资金找到了安全可靠的出路和回报，同时也支持了美国的财政。

美国财政赤字不仅是美国人自己的事情，它关系到全球的经济发展和金融稳定。目前，中国和日本分别是美国第一和第二大的贸易顺差国，又同时是美国第二和第一大的国债持有国。（笔者注：现在中国已经是美国第一大的国债持有国）。无法得知中日是否会继续购买美国国债，一旦外来的现金流中断，美国国债发不出去，或外国抛售美国债券，美国政府乃至经济就很难正常运转，就必然发生美元及美元资产的大幅贬值，美国人生活水平下降。此外，由于全球经济很大程度上是以美元为坐标的，因此，美国经济大衰退一定会导致全球经济的倒退和混乱，其中很可能包括人民币汇率大幅升值，因为人民币汇率大幅升值对减少美国与中国的贸易逆差有着立竿见影的效果。而人民币汇率大幅升值，将给中国的外贸出口乃至整个经济发展带来极大的牵制和打击。

不断膨胀的美国财政赤字，将不断削弱美国经济抵抗风险的能力，并将最终导致美元的兑换值急剧下降。然而，灾难并不是不可避免，但需要美国作出艰难而痛苦的抉择，因为它意味着美国生活方式的改变、美国人民生活水平和美元购买力的下降。而美元购买力和美国人民生活水平的下降，也意味着中国将很大程度上失去美国这个曾给中国带来大量贸易美元的市场。

中美两国遇到的这些问题都是史无前例的难题。为解决这些难题，中美政府不遗余力，近日，包括美联储主席、证券交易委员会主席、商品期货交易委员会主席等在内的庞大美国财经高官代表团在财长斯诺的带领下浩荡来京。

看似非常复杂的问题，换个角度看，又非常简单，上述所有问题的根源都出在"不平衡"上。美国的财政收支不平衡，美国的贸易收支不平衡，中国的贸易收支也不平衡。就像我们的地球是圆的，所以能转动，并有着全方位的平衡性，是因为地球上的所有事物也必须遵循地球的规律，在动态中不断寻求和保持新的平衡，否则灾难就有可能发生。

本文是作者在 2005 年 9 月 11 日在上海举行的"2005 中国（上

海）期货投资国际论坛"上的部分演讲，演讲题目为"金融树Finan-cialTree演绎人民币汇率走势及中美金融"。本文发表在2005年11月20日出版的《商务周刊》。

据2009年3月10日的《今日美国》（USA Today）报道，美国联储局主席伯南克在对外关系理事会（the Council on Foreign Relations）发表演讲时指出，全球金融危机是美国及其他发达国家未能关注全球贸易长期失衡及未能抑制投资所致。文中可见，笔者早在2005年就前瞻性地指出，美国的赤字，尤其是贸易不平衡，也是世界的赤字和世界的贸易不平衡，解决美国赤字问题迫在眉睫，而且事关全世界，否则灾难就有可能发生。美国这棵大树一旦倒了，一定会殃及全世界。美国经济大衰退一定会导致全球经济的倒退，并给中国的对外出口和外汇储备带来重创。

第三节：金融无疆界 风险无极限
——中国金融的未来之路

核心提示：

2006 年国际金融市场风起云涌并已踏入一个根本性和全球性变革的时代。人们在充分享受现代金融带来的前所未有的便捷、舒适、高效的美妙生活的同时，千万不能忘记，繁荣背后，蕴藏着巨大危机，如果管理不当，现代金融就有可能变成洪水猛兽，以排山倒海之势将一个国家、一个地区乃至全球的经济彻底冲垮，而且是在瞬息之间。这就是金融的魅力、穿透力、杀伤力和速度。

金融社会

金，金子、金钱；融，融汇、融通。作为流动性最强的资产或其他资产价值的代表或中介，由于金融具有瞬间的流动性、极强的兑现性、无限衍生性、无限可分性及无限可塑性等许多其他资产不具备的特点，因此，尽管现代金融出现的时间很晚，但伴随着整体从业人员道德和专业水平的不断提高，通信技术的迅猛发展等因素，现代金融，无论从其内涵、外延、概念和形式上都取得了突飞猛进的发展。

现代金融学起源于 20 世纪 50 年代的美国，此时，很多的经济学家仍然认为金融市场是纯粹的"赌场"，而非真正的"市场"。20 世纪

60 年代，一项关于股票的重大发现就是，股票价格的变化基本上是遵循"随机游走模式（random walk model）"，也就是说未来股票价格的变化是不可预测的。

然而，几十年后的今天，许多稚嫩的理论早已被瞬息变化、无处不及、蓬勃发展的全球金融网络所覆盖。当然，2006 年乃至有史以来，最能代表资本市场乃至国际金融巨大变化的莫过于纽约股票交易所。

2006 年 3 月 8 日，全球最大的股票交易所结束了其 213 年非盈利会员制的历史，踏上了以盈利为目的的征程，并取得了自身股票上市交易的开门红。

纽约股票交易所的成功转型及其股票上市，是在日前完成对群岛交易所的成功收购的基础上开始的。这次收购意味着纽约股票交易所向证券交易所转型迈出了历史性的一步。最近美国证监会已批准纽约群岛进行期权交易。

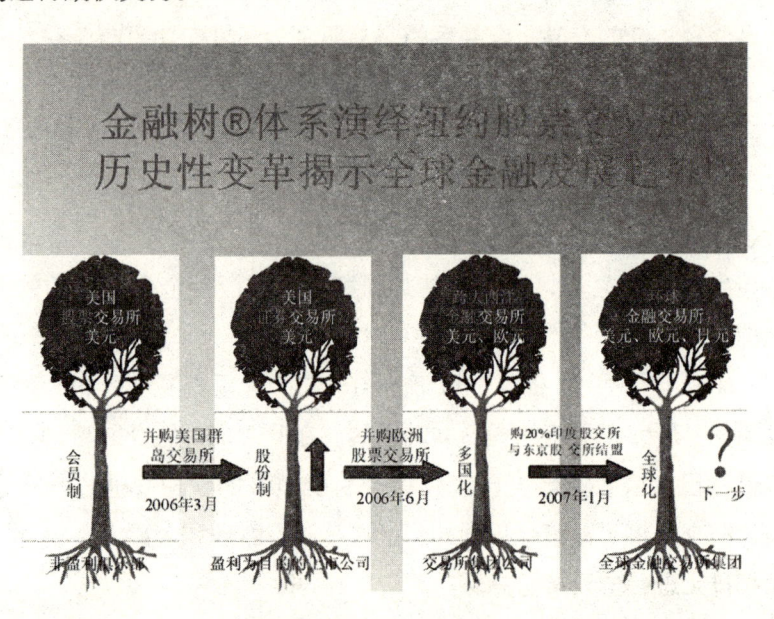

尽管纽约股票交易所不是第一个由非盈利会员制俱乐部转变为一个以盈利为目的的股份制有限公司，尽管纽约股票交易所不是第一个由股票交易所向证券交易所转型的公司，但由于它在国际金融市场的

独特地位、规模和影响，这一历史性事件将作为纽约股票交易所和整个行业的里程碑永久载入华尔街及国际金融发展的史册。表面上看，这是一次孤立的偶然事件，但任何新事物的出现必须有与其适应的环境，因此，它实质上是整个行业及其环境变化的结果，不仅揭示了国际资本市场的根本性变化，勾勒出未来国际资本市场竞争的新格局，而且预示着未来国际金融的发展方向。

2006 年 6 月 1 日，纽约股票交易所集团宣布收购总部位于巴黎，并在巴黎、阿姆斯特丹、布鲁塞尔和里斯本都设有交易所的欧洲股票交易所。此举创建了首个跨大西洋的证券市场，不仅是纽约股票交易所、欧洲股票交易所，而且是全球资本市场发展史上的又一座里程碑，标志着金融市场已经进入了一个新的纪元。股票交易所——作为一国优秀企业与公众投融资的平台和一国最重要的资产之一，首次掌控或部分掌控在外国人手里。大西洋两岸的投资者将可以同时在美洲和欧洲两个大陆以美元或欧元进行股票、债券、期货、期权、商品期货等金融资产的交易。合并后的交易所有望超过芝加哥商业交易所成为全球最大的交易所。此次并购势必将进一步推动金融市场竞争全球化的进程。

果然不出所料，2006 年 10 月 17 日芝加哥商业交易所，全球最大、最多元化的金融交易所，与芝加哥期货交易所，全球最大的衍生金融交易所之一，宣布合并共同打造全球衍生金融交易所的"巨无霸"。

2007 年 1 月 31 日，全球第一和第二大股票交易所，纽约和东京股票交易所宣布战略结盟，共同发展。在此之前，纽交所率领几家投资机构已完成收购印度国家股票交易所 20% 的股份。通过与东京结盟，纽交所将可以跨越不同的时区在美国、欧洲和太平洋以美元、欧元和日元进行全天候的交易。

当然，对老百姓而言，金融的巨大变化更多的体现在日常生活中的小事。十几年前，如果想从异地他国购买商品或服务，哪怕是一本书，支付都是一个令人头痛的大问题，现在有了多币种信用卡、汇票、在线支付宝、电汇、电子货币、个人支票等各种金融产品和服务，足不出户的支付变得易如反掌，瞬间即可完成。如今，国内的老百姓也可以通过银行购买美国的债券和其他外汇产品。

"国际"的意思是国与国之间，人们习惯用"国际"来表示金融的活动范围。显而易见，"国际"已不足以表达金融的活动范围，取而代之的应是"全球"或"环球"。事实证明，现代金融不仅可以跨越国界、穿过海洋、超越时空，而且几乎可以在地球上的任何地点和时间直接或间接闪电般的穿梭。比如，虽然世界石油的主要出产和出口地在中东，但一旦把石油变成金融产品——石油期货，世界各地的人就可以通过纽约、伦敦或新加坡的石油期货交易所，24小时不间断地进行交易。同样，如果把中国的地产、GDP变成某种国际金融产品，全球的投资者都可以参于交易，共同分享它们的成长，共同分担它们的风险。正由于上述等诸多原因，多年来我可以在世界上的任何地方和时间买卖遍布全球各地的各种金融资产/产品。

由于金融大众化的程度非常高，因此，客观地讲，西方发达国家已从工业社会上升到金融社会（见下面的金融树社会发展图）。金融在国民经济中的比重和产值不断增加，从业人数不断上升，相比之下，工业在国民经济中的比重和产值不断下降，从业人数不断减少。昔日钢铁厂的大烟囱，早已被无处不在的金融网络所取代。金融不仅成为国民经济的支柱产业，而且是国民经济的命脉，伦敦的金融城、纽约的曼哈顿、芝加哥的期权期货不但在本国的经济贸易中扮演着重要角色，而且在全球的经济贸易体系中扮演着支柱性角色。

同样，金融与西方发达国家的百姓生活密不可分、息息相关。例如，平日很少有人用大量现金购物，既不方便携带，又不安全，同样，很少有人带大量的现金外出旅行，取而代之的是信用卡、旅行支票等。此外，几乎每个家庭都不得不关注个人和家庭的投资理财，因为投资理财的好坏，不仅关系到你的生活质量，而且关系到你的健康乃至人生目标。如何让你的财务计划支持你的人生计划/目标？怎样的教育投资计划适合你？如何安排你的退休计划、遗产、遗嘱等——这些西方人考虑的问题，现在也成为中国人生活中的重要组成部分。

Beauty and Beast

资本市场风起云涌并已踏入一个根本性和全球性变革的时代。如今资金流动更方便、规模更大、速度更快，人们在充分享受现代金融带来的前所未有的便捷、舒适、高效的美妙生活的同时，千万不能忘记，繁荣背后，往往蕴藏着巨大危机，如果管理不当，稍有疏忽，现代金融就有可能变成洪水猛兽，以排山倒海之势将一个国家、一个地区乃至全球的经济彻底冲垮，而且是在瞬息之间。金融资产的性质赋予了金融巨大的穿透力、杀伤力和闪电般的速度。事实上，自有金融市场以来，人类社会就从未远离过金融危机。

远的不说，1929—1933 年的大萧条给美国经济和人民乃至整个世界都带来了巨大的灾难和伤害。尽管在分析它的成因时，经济学家众说纷纭，至今没有定论，但有一点是肯定的，即同历次经济危机一样，金融危机不一定是这次灾难的根源，但一定是这次灾难的导火索。也只有金融（而不是工业和农业）才具备如此大的毁灭性威力。1929 年 10 月 24 日，纽约股票交易所突发崩盘，这一天，有 11 名股市投机老手自杀。一个月内，股票的价值下降了 40%，成千上万的普通美国人辛劳一生的血汗钱化为乌有。股市崩盘引发世界范围的经济大萧条。而美国股市回到崩盘前的水平时，已经是 1958 年。

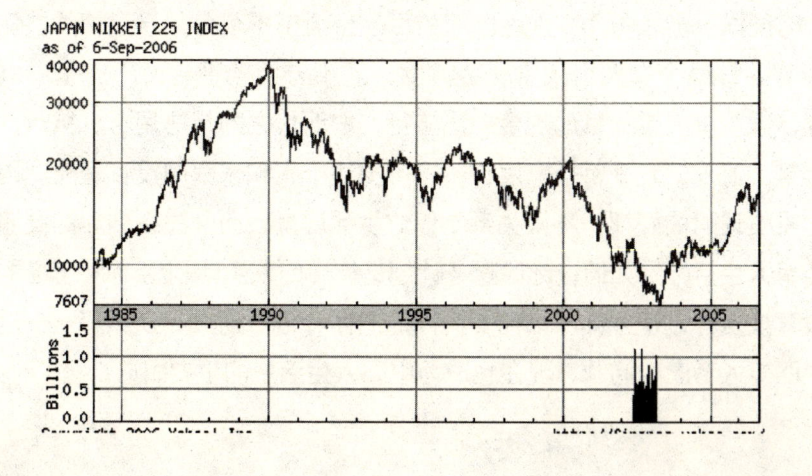

　　众所周知，第二次世界大战以后，日本经济在战败的废墟和阴影中重新起飞，并一跃成为全球第二大经济强国。20 世纪 80 年代的日本股市有点像我国 20 世纪 90 年代的股市，人人都想炒股发财，汹涌澎湃的股民在不到 10 年的工夫，就把日本股价炒到了天文数字，让美国人看得目瞪口呆。始创于 1928 年 10 月 1 日，基数为 100 点的美国道·琼斯平均股票指数（简称道指）于 1972 年 11 月 14 日首次突破 1000 点大关。当 1981 年道指还在 1000 点徘徊时，始创于 1949 年，基数为 176.21 点的日本日经道·琼斯平均股票指数（简称日经股指）已攀升到 7681.84 点。到 1989 年底，日经股指已飞至近 4 万点。换句话说，在不到 10 年的时间，日经股指上涨了 5 倍多——相比之下，道指于 1991 年 4 月 17 日才首次突破 3000 点大关。作为 20 世纪 80 年代最令人惊叹的日本经济奇迹的代表，此时东京股票交易所的交易量有史以来第一次超过纽约，成为全球最大的股票交易所。尽管两个股指在成分、结构和计价方面有所不同，但无论怎么比，日经股指确实是高得不可思议。任何事物都有其发展的内外规律，股票市场亦然。进入 20 世纪 90 年代，日本股价飞流直下，一路跌到 2003 年的 7000 多点（如图所示）。20 世纪 90 年代的日本金融危机导致日本经济十几年萎靡不振。

　　1993 年 7 月底，为了捍卫法郎在欧洲货币体系中的地位，避免法郎大幅贬值，法国政府不仅竭尽外交手段，而且几乎耗竭了整个国库。仅 5 天的时间，法兰西银行（法国中央银行）就动用了大约 1400 亿法郎（其中一部分是从德国央行借来的）进行市场干预，阻止法郎下跌，使整个法国的外汇储备下降到相当于 120 亿法郎（约合 20.3 亿美元）。在此之前的两次法郎危机中，法国政府曾耗费相当于 1600 亿法郎的外汇进行市场干预，来维护法郎的地位和价值。

　　1993 年，为了抑制通货膨胀，美国联储局开始渐进式提高利率。这一必要的、无懈可击的审慎举措对全球的金融市场产生了一连串的连锁反应，但谁也不曾想到它会给墨西哥的经济带来致命性的打击。1994 年 12 月，仅 4 天工夫，墨西哥比索的价值就损失了 1/3 之多，墨西哥的股市也开始狂泻，所有的"热钱"和大量的其他可以卷走的外资都争先恐后地逃离墨西哥，几个星期之内，墨西哥政府国库几乎枯竭，只够维持一两个星期而已。比索 30% 的贬值，一夜之际便把美国对墨西哥的贸易逆差抹平了。危机发生后，美国总统和国会紧锣密鼓，迅速做出扶持比索的援助计划。美国政府及金融机构先后出资数百亿美元，总算给墨西哥病入膏肓的经济打了一针强心剂，否则，比索危机很有可能演变成一场区域性危机。

相比之下，1997 年发生的亚洲金融危机就没有如此幸运。1997 年年初，东南亚特别是泰国的泰铢受国际投机者的攻击，泰铢不断走软，最终泰国政府不得不放弃固定汇率制，造成泰铢狂跌。接着菲律宾、马来西亚和印尼三国的币值跟着狂跌。货币贬值必将影响股市，截止到 1997 年 10 月底，东盟大多数国家的股市都下跌了 20% 以上。香港特区政府虽然成功地捍卫了港元—美元联席汇率制，但港股却付出了巨大的代价，从 16800 多点跌至 9000 点左右。在韩国，韩元持续下跌迅速蔓延，股市跌幅也超过 40%，企业纷纷倒闭，失业率倍增。危机使萎靡不振的日本经济进一步恶化。风暴甚至刮到俄罗斯、巴西。

但危机仍不断在全球蔓延。1997 年 10 月 27 日，持续下滑数月的东南亚股市加上急速下跌的港股，终于引发了纽约股市有史以来一天之内最大的狂泻。尽管一天两次停止交易，但到收盘时，纽约股指仍下挫了破纪录的 554 点。然而，第二个交易日股市就展开了有史以来最强劲的反弹，一天之内收复了 337 点。至周末时，股市恢复风平浪静，似乎什么也没有发生。如果不是美国总统金融市场工作小组迅速反应，力挽狂澜，换句话说，如果美国顶不住这场冲击，由泰铢引发的这场危机必将像多米诺骨牌一样，迅速演变成一场不堪设想的全球性金融风暴。

遭遇过金融风暴"洗劫"的国家还有很多，遭遇过"洗劫"的公司更是举不胜举。当中最惨的还要算"巴林银行倒闭案"。有趣的是，一个年仅 28 岁的英国小伙子，尼克·里森，在新加坡进行日本股指期货交易，仅半年的工夫，就轻而易举地把这家具有 232 年历史的英国老牌银行"搞垮"了。这个事情听起来很简单，也有点让人难以置信，但，这就是金融的魅力、穿透力、杀伤力和速度。

中国未来的金融之路

说到中国的金融发展，要说的东西实在太多，但由于受时间和篇幅所限，只能就未来的发展方向略谈一二。

现代金融在中国的"试水"是改革开放以后开始的，当初的主要指导思想是"摸着石头过河，走一步，看一步"。因此，由于缺乏前瞻性，没有掌握现代金融的基本规律，我们走了很多弯路，付出了巨大代价，尤其是在期货市场的发展上，我们犯了很多"还没有站稳，就想跑起来"的错误。如今，我们可喜地看到，当初非理性、盲目发展的势头和心态已得到根本转变，金融市场的发展正逐渐走向法制化、科学化、市场化、专业化、规范化。尽管如此，中国的金融发展仍将面临诸多挑战。

2006 年年初，我曾在《商务周刊》发表评论文章《中国尚无资格发生系统性金融危机》，我不是指中国的金融市场非常健康，没有潜在危机，而是指中国金融市场的市场化、国际化程度还很低，中国金融市场的大门不仅尚未对国际资本敞开，而且对国内民间资本也是紧闭的，中国的各金融市场还相互独立、隔绝、关联性不强，尚未系统化、体系化，所以过去发生的危机都是相对独立的，如股市大跌，券商、信托公司倒闭，国债期货崩盘等。如果把中国的金融市场比喻为"水库"、"河流"，它们现在基本上算是尚未连通的"死水"。

然而，这一切正在迅速发生改变。一方面，组成国内金融体系的各金融市场——货币市场、股票市场、期货市场、债券市场、外汇市场、保险市场、信贷市场、房地产市场等正在逐步建立或完善，并最终实现有机的结合；另一方面，出于自身发展、提高协同、规模和综合效益，更好地与国际混业金融机构竞争，中国的金融业也在由分业经营向混业经营发展。

尽管金融混业是潮流，是大势所趋，但也是摆在中国金融发展面前的一个进退两难的问题。进是必须的，这是大方向，况且没有退路；但从诸多方面看，尚未准备好，不敢冒进，可又时不我待。在现行的分业经营制度下，中国金融业存在的问题和不足的方面还有很多，如金融混业所需的综合性金融知识体系、管理体系、专业能力、职业道德、法律法规、风险控制等，若把不够完善、不够专业的分业都集中混在一起经营，会不会成为"混乱"经营？相比之下，发达国家是在分业经营非常成熟、非常专业的基础上逐渐转为混业经营的。

但无论如何，在不远的将来，中国的金融"水库"、"河流"，不仅将被激活，逐渐实现互联互通，形成一个庞大的金融"水系"，而且要与一个更加庞大的国际金融"水系"对接。到那时，不管是哪里，只要有一处决口，就很有可能会波及到整个中国乃至全球金融"水系"。这就是所谓的系统性金融危机。2006 年 2 月 27 日中国股市暴跌近 9%，引发全球股市连锁性下挫就是一个很好的实证和预兆。截止到美股收盘，道·琼斯股指下跌 416 点，创出自 2001 年"9·11"恐怖袭击以来的最大单日跌幅。

从更长远、更大的角度看，中国的金融之路将面临人类历史上的重大挑战。我们知道经济发展必须遵循循序渐进的客观规律，即由农

丁大卫金融树®体系演绎社会发展模型

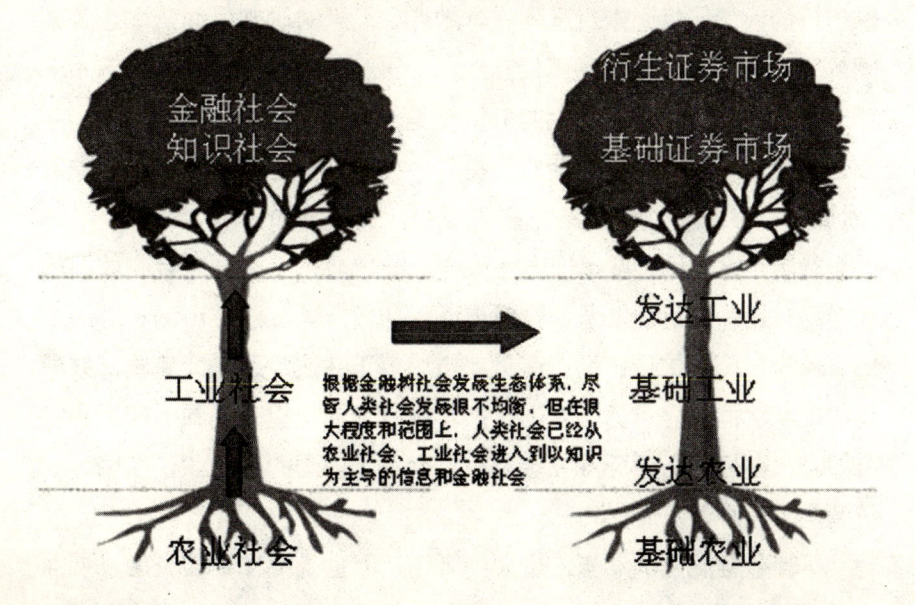

业经济/社会向工业经济/社会发展，再由工业经济/社会向金融经济/社会发展。然而，客观的现实和时间，已经不允许我们先把农业搞好之后，再去抓工业，把工业搞好之后再去抓金融，那样，我们将永远落后于人。因此，在尚未完成由农业经济社会向工业经济社会转型的同时，我们就要并已开始向金融经济社会转型。与此同时，我们还要由计划经济向市场经济转型、由封闭社会向开放社会转型。

当然，同时做这么多事，并不意味我们要眉毛胡子一把抓，恰恰相反，我们一定要分清主次、轻重缓急，把握事物发展的客观规律。正如金融树社会发展模型所示，树根扎牢了，树干才能长得结实；树干长得结实，枝叶才能繁茂，三者有先有后、相互依存，相互影响、密不可分，不同阶段，重点不同。只有这样，中国的金融之树才有可能根深叶茂、硕果累累。

2006 年全球金融正在进入前所未有的发展和繁荣时代，由于人类尚未掌握金融的客观规律，因此，这种发展和繁荣的背后蕴藏着巨大危机。为引起更多世人注意，提高风险防范意识，作者在 2006 年 10 月 20 日出版的《商务周刊》发表此文，并不厌其烦地破例于 2007 年 3 月 1 日再次在新浪网发表该文。

第四节：中国不但应该且有能力阻止美次贷 危机演变成全球性系统金融危机

核心提示：

所有金融危机，都不应该发生，都是人为的，也都可以避免。一旦发生，解救金融危机如同救火，火起之初，可以轻而易举地把火灭掉，否则后果不堪设想。危机爆发前，笔者多次警告世人并预示了结果。现在（2007年）是提醒中国政府高度重视的时候了，下文是笔者写给相关国家领导人的信函。核心观点：如果连受美次贷危机直接牵连甚小的中国都顶不住这次危机的冲击，那么此次危机演变成系统性全球金融危机将成必然。如果当时高度重视，采取对策，也许就不会是现在这个样子。

在2005年9月11日"中国（上海）期货投资国际论坛"上，我曾发表演讲指出："根据金融树理论体系，美国这棵金融树树干的两侧严重失衡，如果不是树根牢固及树干的良好弹性和灵活性，树干早已夭折。这种严重失衡的状况若长期得不到修正，生态环境一旦发生变化，尤其是突发性根本变化，整棵树将有可能倒毙。美国这棵大树一旦倒了，一定会殃及全世界"。针对几年前国内外一些经济学家预言中国金融危机无法避免，我在许多不同场合指出："中国尚无资格发生系统性金融危机。"

近期，受美国次级债券危机影响，全球股市持续下跌。据央视报道，中国股市11月份的月跌幅已为13年来最大。次级债券只是此次系统性金融危机的导火索。美国金融业损失惨重，多家金融机构面临破产，美林集团遭受了成立 93 年以来最大的季度损失。为此，美国三大金融巨头（花旗集团、美林集团和 E-Trade）的首席执行官先后引咎辞职。尽管美国政府和欧洲央行已多次采取各种措施，但种种迹象显示此次危机的影响正在向深度和广度蔓延，美国经济发展速度已明显放缓。作为经济走势晴雨表的股市若不能尽快止跌企稳，美国经济很有可能进入衰退或低迷期。美国经济一旦萧条，势必会对全球经济产生影响。

经济增长放缓、美元疲软，油价高企、通胀显露、系统性金融损失持续，在美国这棵"金融大树"经历风暴考验的关键时刻，如果正在"茁壮"成长的中国经济能够扶持一下，哪怕是象征性的，也会给全球金融机构带来一线希望的光明，因为，金融市场很大程度上是信息市场、心理市场、信心市场和预期市场。一旦投资者的希望和信心增强了，金融市场的表现就会趋好，金融市场的趋好就会带动实体经济的好转。这一线希望的光明很有可能能够帮助美国这棵"金融大树"走出"阴影"、幸免于难。美国金融和经济的稳定不仅有利于而且符合包括中国在内的全球金融和经济发展。

中国经济所处的发展阶段和经济结构与美国完全不同，正好可以形成多方面互补。中国的经济基础越来越大、越来越牢固，金融化程度远低于发达国家，尚无资格发生系统性金融危机。因此，中国股市没有必要，特别是在全球股市普遍持续下挫的情况下，跟着美国走。

如果中国，作为世界最大的经济体之一，有坚实的经济基础和增长作为支撑，不能逆流而上，改变中国股市的轨迹，它将向摇摇欲坠的全球金融市场发出一个糟糕的信息，无疑将很大程度上加剧全球金融市场衰退的可能性。

作为一个负责任、有能力的大国，在全球其他经济体遭受考验的关键时刻，中国应该有所表现。此举不仅能赢得世界的喝彩，而且能为缓解中美、中欧在贸易和人民币汇率上的紧张关系起到积极作用。

1997 年亚洲金融危机其实给当时的美国金融市场打击力度最大、速度最猛。1997 年 10 月 27 日（星期一），持续下滑数月的东南亚股市加上急速下跌的港股，终于引发美国道·琼斯股票指数历史上最大的一次下跌。尽管一天两次暂停交易，到收盘时，道指仍下挫了破纪录的 554 点。然而，第二天股市就展开了有史以来最强劲的反弹，一天之内收复了 337 点。至周末时，股市早已风平浪静，似乎什么也没发生。如果不是美国总统金融市场工作小组迅速反应、力挽狂澜，换句话说，如果美国顶不住这场冲击，它将像多米诺骨牌一样，迅速演变成一场不堪设想的全球性金融危机。

1994 年 12 月，仅 4 天的工夫，墨西哥的比索 (墨西哥的货币名称) 的价值就损失了 1/3 之多，墨西哥的股市也开始狂泻，所有的"热钱"和大量的其他可以卷走的外资都争先恐后地逃离墨西哥。不到几个星期，墨西哥政府的国库几乎枯竭，只够维持一两个星期而已。危机发生后，美国总统和国会紧锣密鼓，迅速做出扶持比索的援助计划。美国政府及金融机构先后出资数百亿美元。这巨大资金的注入无疑是给墨西哥病入膏肓的经济打了一针强心剂。否则，一场新的系统性金融危机正蓄势待发。

现在，防止一场有可能演变为全球性系统金融危机的历史性和市场性机遇轮到中国了。

同自然界的风暴一样，几乎所有金融"风暴"在发生前，不但是可以预测的，而且是可以预防和化解的。遗憾的是，频频发生的金融危机总是不断地给企业、国家及全球经济带来致命打击。其根源在于从业人员不了解金融的生态体系和系统性。这两个最为关键和核心的部分，在严重滞后、与客观严重脱节、支离破碎的金融教育中完全是空白。

我曾在 20 世纪 80 年代成功考取了极个别人才能通过的几乎所有美国金融/证券行业所需的营业执照，并在该领域从业至今。1993 年夏，正当期货市场盲目发展的高峰时期，我逆潮流果断地向当时的国务院副总理朱镕基提出了一系列有关加强宏观调控、整顿和规范期货市场的建议和方案。这些方案的实施避免了金融危机的发生，交易所的数量从当时的 60 多家变为现在的几家，美中不足的是国家未能按建议及时关闭国债期货交易，最终导致其崩盘，造成巨大损失。1996 年下半年，狂涨的中国股市引起了我的关注，我在国外曾多次试图与当时的证监会主席周道炯、副主席李剑阁联系，建议尽早采取措施，否则后果严重，并撰文《发展我国股市的当务之急是——抑制过度投机，培养理性投资》传真给他们。如果早日采取措施，损失会大大减少。1997 年亚洲金融危机来临之前我和我的朋友就做好了应对的准备。1998 年 4 月我应邀回国在人民大学讲学，偶然的机会听到"新国大"期货经纪公司，马上意识到这是一家 100%的骗子公司，并立即给证监会打电话建议立即查办。半年后的一天，证监会的一位副主席（好像是陈耀先）约我到他的办公室谈谈，我去的时候，证监会的大门已被因受骗亏损而上访的民众围得水泄不通，最后我不得不从地下车库出来。如果证监会及时采取措施，就不会出现事后的巨额损失。1999 年 3 月我曾向朱镕基总理建议成立国务院金融风险监控小组。在金融业越来越发达，风险越来越大的今天，一个国家没有金融安全，就不会有经济安全；没有经济安全，就不会有国家的安全。1999 年下半年——2000 年上半年，互联网经济及网络股票风靡全球，我逆着潮流通过央视、报纸、国际互联网大会等预言它们将要崩盘。果然，没过多久，预言如期应验。为此，凤凰卫视邀我在《世纪大讲堂》作"网络经济如何演绎"的报告；央视《对话》邀我与 Yahoo 创始人兼 CEO 杨致远对话，与新浪网创始人王志东等对话。2001 年 9·11 事件前的若干年里，我曾多次告诫我认识的美国朋友，纽约的世贸中心是恐怖分子袭击/报复/羞辱美国的首选和最佳目标。让我吃惊和不能接受的是美国政府和军方竟没有意识到这一点。

20 多年来，我始终坚持承诺：对我所传授的所有知识及每一个观点和判断的客观性、前瞻性、准确性和正确性负一辈子责任。

历次金融危机爆发之前，笔者都不厌其烦地向世人发出警告。此次危机爆发前的几年里，笔者一直在为阻止这场危机的爆发进行了不懈的努力。其中包括试图说服美国国会和美国财务会计准则委员会用金融树价值体系取代现行的公允价值（正是公允价值引发了金融市场的暴跌，从而引发了全球金融危机），多次试图与美国总统布什会晤。为阻止美次贷危机演变为系统性全球金融危机，笔者 2007 年 12 月 3 日中午，致此信于胡锦涛主席、温家宝总理及证监会主席尚福林。标题是后加的。该信后经改写被多家媒体转发。

第五节：516万亿美元！全球衍生金融 交易合约的泡沫杀伤力

核心提示：

现代金融市场及其产品的复杂程度足以让任何业界精英和监管者费解，无论是股神巴菲特还是美联储主席伯南克、美财长保尔森及美国的其他领导，他们都搞不懂这516万亿美元的衍生金融交易究竟是怎么回事。否则，这场危机就根本不会形成。退一步，即使在这时，如果能够采取正确的行动，华尔街也不会倒下，全球金融海啸也不会爆发。

美国次债市场引发的全球经济衰退，正在被越来越多的事实所证明。

同历次金融危机一样，我曾事先多次发出预言和警示。针对这次全球性金融危机，早在2005年9月11日"中国（上海）期货投资国际论坛"上，我在题为"金融树演绎人民币汇率及中美金融"的演讲中曾指出："金融树理论体系认为，地球是有生命的，是圆的，所以能转动，所以是全方位平衡的。因此，地球上的所有事物，也必须遵循地球的规律，也必须是平衡的，否则，灾难就有可能发生。根据金融树理论体系，美国这棵金融树树干的两侧严重失衡，这种严重失衡的状况若长期得不到修正，金融生态环境一旦发生变化，尤其是突发性根本变化，整棵树将有可能倒毙。从一定意义上看，美国的赤字，尤其是贸易不平衡，也是世界的赤字和世界的贸易不平衡。美赤字不减，可导致全球经济倒退、混乱及人民币大幅升值。"

如今，金融"沦陷"真的来了，针对这场"沦陷"的来龙去脉、前因后果、未来启示等，各国政府、监管部门及从业人员需要一个系统和清醒的认识。

金融危机前因，美元地位受挑战

其实，大多数人都明白，次债只是这次危机的导火索，只是美国这棵"金融树"上的一个分枝，即使这个枝杈不断裂，其他枝杈，如信贷市场、对冲基金、衍生证券、国债期货、个贷等也有可能断裂。一个枝杈断裂，得不到及时修复，将可能导致整棵树的倒塌。近年来，不断膨胀、失控的美国巨额赤字及金融泛滥，已经使得美国这棵金融大树严重失衡，不堪重负。人们之所以看不到这棵大树的严重失衡，原因是美国政府用未来和别国的钱硬把它支撑起来。如果美元能够继续保持其作为全球贸易、金融及外汇储备的唯一货币的地位，及美国这棵大树上的任何分枝不出现断裂，那么这种现象仍然可以维系。

然而，上述第一个先决条件发生了根本性变化，即，维系了半个多世纪的唯我独尊的美元地位终于被撼动了；第二个先决条件也出现了严重问题。从宏观上看，这次危机的根本原因，是在经济全球化的背景下，美国政府错误的经济和贸易政策的结果；从金融生态看，近年美国这棵"金融树"的生态环境持续恶化与全球经济的本质性变化是这次危机在所难免的原因。

只重细节不重系统，危机发生的根本原因

尽管金融资产和体系的属性决定了金融的高风险性质，但这并不

意味着金融风险就一定会发生。风险会不会发生主要取决于从业人员的素质和驾驭风险的能力。由于管理和技术水平非常有限，当初的农业经济只能是靠天吃饭，经常是十种九不收，风险更大。现在由于科技、管理水平的提高，农业经济的风险已大大降低。同样，对不会开飞机的人而言，飞机的巨大风险是不言而喻的。现代金融已经发展到我们人类几乎无法驾驭的地步。

遗憾的是，尽管世界上会计师事务所、审计师事务所、风险评估及管理机构、经济预测机构等比比皆是，并时时在对企业、行业和国家的经营状况、风险及未来走势进行预测和评估，但他们在预测、防止系统风险和金融危机等方面几乎不能发挥应有的作用。这就是为什么危机会不断发生的重要原因之一。

频频发生的金融危机总是不断地给企业、国家及全球经济带来致命打击。其根源在于从业人员不了解金融的属性、生态体系和系统性——三个最为关键和核心的部分。造成这种现象的根本原因是，面对看似错综复杂、盘根错节的金融世界，现有的金融知识、金融教育不成体系、严重过时、与客观实际脱节、支离破碎。比如，此次危机的导火索是房地产抵押公司，然而它却给金融领域的几乎所有市场和机构，如银行、投资银行、证券公司、保险公司、私募基金和股票市场、对冲基金、债券市场、期货市场、原材料市场、外汇市场等带来了沉重打击。这就是金融的属性、生态体系和系统性的具体体现。

然而，世界上几乎没人真正通晓包括会计、财务，所有金融市场和产品在内的系统金融知识和规律。这就是为什么华尔街能在细节和个别风险方面做得比较好，而面对系统性风险时，总是看走眼，甚至是束手无策的原因所在。

通过金融树体系、系统金融学和金融生态学等，看似错综复杂的金融世界其实有着很强的规律性。同上次网络泡沫危机一样，这次全球金融"大震荡"，不仅是不成体系的全球金融体系的失败，而且是会计准则和财务报告的失灵及企业经营目标的误导。

通过金融树体系、系统金融学和金融生态学等，看似错综复杂的金融世界其实有着很强的规律性。（插画/苏益）

基于账面（历史）价值的会计准则和财务报表根本无法实现它的目标——准确、客观、及时地反映真实价值和现状，比如，待报表出来时，生米已经煮成熟饭，一切已经晚了或者完了；任何一个企业或国家的价值都是多面的，仅用单一和过时的会计价值去衡量是远远不够的。这一半公开的秘密已经困扰业界精英多年。为改变现状，美国财务会计准则委员会及国会已试图用公允价值取代账面（报表）价值，该举措同样漏洞百出，遭到业界的强烈反对。金融树价值体系或许提供了一个较好的解决方案，所有价值——过去价值、现在价值、预期价值、未来价值、会计价值、账面价值、评估价值、资本市值等一目了然。

系统性是金融的重要属性之一。系统作用远远大于非系统作用，比如，大盘向好的时候，不好的股票往往也会跟着涨；反之，当系统风险来临，再好的股票都有可能下跌。金融的系统风险危害远远大于非系统风险危害。尽管如此，由于金融知识、金融教育、金融管理严重滞后和脱节，所以全球金融从业人员对金融的系统性知之甚少，最终形成"铁路警察各管一段"的局面。殊不知所有金融知识、金融市场及其产品，如会计、财务管理、金融、保险、房产抵押、股票、外汇、期货、期权、对冲基金、黄金、基金、银行、投资银行等，也是一体的，而且会牵一发而动全身。

GDP/GNP 的欺骗性与美国人的"负有"

作为一种非常简单的国内/国民生产总值的计算方法，GDP/GNP 就不可避免地顾此失彼，挂一漏万，因此，自从它问世以来，批评声就不绝于耳。GDP/GNP 值得批判的地方很多，但结合美国近年的经济走势，我想指出的是它的误导性、欺骗性和短视性。GDP/GNP 在计算国内/国民生产总值的时候，没有考虑到它的成本、时间价值、净收益、净资产的增加与减少等。

在过去的数年里，为了获得 GDP/GNP 的增长，美国付出了沉重的代价——从一个债权国变为世界头号的债务国。若把美国的财政赤字和贸易赤字平摊到其国内每个全职工作者身上，那么每个人的负债为 35 万美元，这还不包括信用卡和房贷等个人负债，这些负债每天都在上升。美国人平均每挣 100 美元，能剩下的还不到 1 美元。

长期以来，世界各国包括美国自己一直认为美国及其人民是世界上最富有的，但如果你能透过现象看到本质，你就会发现真实情况恰恰相反。下面这个例子也许有助于你理解。A 公司的总资产为 10 亿美元，B 公司的为 5 亿美元，从表面上看，A 公司的总资产比 B 公司的总资产多 1 倍。然而，A 公司的负债为 8 亿美元，B 公司的负债为 1 亿美元，因此，实际情况与表面现象恰恰相反，即 B 公司的总资产比 A 公司大几倍。

同样的道理，美国及其人民不是世界上最富有的，而是最"负有"的。如上所述，美国每个全职工作者的平均负债为 35 万美元。不要以为世界首富总是美国人，就推断出美国及其人民是世界上最富有的，其实，近年来，美国政府和多数美国人一直是入不敷出，居民储蓄率一直是负的，他们一天都离不开信贷，否则就无法生存。然而，世界上没有免费的午餐，美国政府及其人民一定会为此付出沉重的代价。这一天终于来了。

尽管美国及美国人民很"负有"，尽管大幅缩水后的美国经济可能已不再是真正意义上的第一大经济体，但美国仍不失为世界上最大的经济和军事强国及最发达的国家。这三者的概念不尽相同，也并不矛盾。

金融并非虚拟，衍生金融品杀伤力有多大

最近听到有人把金融说成是虚拟的，我想在此澄清一下，金融并非虚拟，金融经济并非虚拟经济。假如金融是虚拟的，那我们将可以让金融危机天天发生，反正也不是真的。事实恰恰相反，金融市场上的盈利和亏损都是实实在在的。不要因为金融资产的看不见、摸不着、风险大、不确定性强等原因就把它说成是虚拟的，当初的农业经济风险更大，不确定性更强，完全是靠天吃饭，经常十种九不收，世界各地每年都有不计其数的人饿死。据此，农业经济岂不也成了虚拟经济了？

金融的非虚拟性，主要表现在其危机的损失和影响是实在的和多样性的，因此，准确计算和评估都是难以实现的。不管美国政府怎么说，他们的说法有他们的理由和目的，但可以肯定和保守地说，这次危机是几十年乃至半个多世纪以来最严重的一次。

受此影响，全球金融、经济和投资者都在承受不同程度的损失，世界上几乎每个人的收入和生活水平都会直接或间接地受到不同程度的影响。标准·普尔公司的报告显示：仅 2009 年 1 月份全球股市的总损失就高达 5.2 万亿美元。发达国家的市场跌幅为 7.83%。截止到目前，我估计全球股市直接损失达 12 万亿美元，间接损失更是大到无法统计，如此大的数字让人摸不着头脑。当你了解到中国的外汇储备经过 30 年的积累，才达到 1.5 万亿美元，居世界首位时，也许能帮你理解这次危机的损失有多大。

令人担忧的是：目前我们看到的全球金融市场的倒塌，只是多年

堆积而成的美国和全球金融大泡沫的部分破灭。尽管现在它已受到世界各有关方面的高度重视，但各方是否有足够的资源和能力来阻止危机进一步蔓延和恶化，还不得而知。除此之外，令人恐惧的地方和原因还有很多，例如，根据国际清算银行的最新统计，全球衍生金融交易合约，从 2002 年的 100 多万亿美元上升到 2007 年的 516 万亿美元。仅这一现象就让人颇感不安，原因如下：

1.在过去的五六年时间里，全球衍生金融交易翻了 5 倍，相比全球经济增长，这其中有多少泡沫？

2.目前所有国家的产值加在一起为 50 万亿美元，而目前全球衍生金融交易额竟是它的 10 倍还多。

3.现代金融市场及其产品的复杂程度足以让任何监管者费解，无论是股神巴菲特还是美联储主席伯南克、美财长保尔森及美国的其他领导，他们都搞不懂这 516 万亿美元的衍生金融交易究竟是怎么回事。

4.衍生金融交易风险最大、监管最难，很大程度上在监管之外。因此，有人称之为世界上最新、最大的"黑市"。

5.这 516 万亿美元的衍生金融交易是不是潜在的定时炸弹？如果是，何时引爆？它的杀伤力有多大？

美国这棵大树一旦倒了，一定会殃及全世界，导致全球经济衰退及人民币大幅升值。现在这一切正在发生：美国经济及美元大幅缩水，全球金融和经济秩序已陷入混乱状态，包括石油、黄金在内的几乎所有原材料价格不断飙升，人民币兑美元、欧元兑美元加速升值。原有的不平衡不但没有得到解决，反而引发了新的不平衡和混乱。

该文作于 2008 年 2 月并投给媒体，由于中间环节疏漏，于 2008年 5 月 7 日发表在《第一财经日报》。

第六节：中国尚无资格发生
系统性金融危机

核心提示：

2005 年前后，不断有国内外经济专家学者撰文断言，中国金融危机将无法避免。对此，笔者指出，系统性金融危机往往发生在赤字和外债较为严重的国家，尤其是面临巨额财政、贸易双赤字时，危机难以避免。这个国家不言而喻，不是别的，就是美国。中国的金融业好比一个尚未结婚成家的人，一个尚未结婚成家的人，怎么可能发生婚姻危机和家庭危机？

金融危机指的是金融资产或金融机构的危机，如股灾、机构倒闭等。而系统性金融危机则是指那些波及整个金融体系乃至整个经济体系的危机，比如 20 世纪 30 年代引发西方经济大萧条的美国金融危机、20 世纪 90 年代导致日本经济萎靡不振的日本金融危机、1997 年下半年袭击东南亚的亚洲金融危机等。这些危机都是从一种金融市场波及到另外一种金融市场，如从股市到债市、外汇、房地产甚至整个经济体系。中国不仅尚无可能，而且尚无资格发生系统性金融危机，原因诸多，但可概括归纳为如下四个方面：

一、系统性金融危机往往发生在金融经济、金融系统、金融资产比较繁荣的市场化国家和地区。危机来自繁荣，没有繁荣，哪来危机？同样的原因，在经济发展落后的非洲国家，根本不存在金融危机的问题。根据我的金融树生态体系理论，金融经济（树冠），是建立在农业经济（树根）和工业经济（树干）的基础上的。目前的中国虽然已经相当成功地实现了从农业经济（树根）向基础工业经济（树干）的转型，但距"树冠"经济即金融经济还相差甚远。金融资产在中国总资产中的比重甚小，中国也未建立起系统的金融体系，各金融市场及产品的关联性不强。而金融体系中的系统性，正是金融危机发生的前提。

二、系统性金融危机往往发生在金融市场市场化、国际化程度较高的国家和地区。与上述已经发生过金融危机的国家相比，中国金融市场的市场化、国际化程度还很低，中国金融市场的大门不仅尚未对国际资本敞开，而且对国内民间资本也是紧闭的。中国金融市场的整体布局及发展基本掌控在政府手中。

三、系统性金融危机往往发生在大量金融资产被严重高估且流动性非常强的情况下。比如经历了日元大幅升值后，20世纪80年代末的日本，从日元到房地产再到股市等，几乎所有资产都被严重高估，因此危机和全面资产价值缩水在所难免。同发达国家相比，发展中国家的多数资产，其中包括中国的人民币是被低估的。可以说，一个国家从不发达变为发达，就是其货币和其他资产相对其他国家的货币和其他资产升值的过程，目前的中国正处在这一过程中。此外，由于中国的金融业尚未进入混业经营，所以大量不同种类的金融资产瞬息转换、变现、流动的市场环境尚未形成。再者，由于人民币尚未变成自由货币，资本账目尚未开放，所以大量人民币及人民币资产瞬息对外转换、变现的机会和可能性都很小。

四、系统性金融危机往往发生在赤字和外债较为严重的国家，如拉美的阿根廷等国，好比一棵失去水分、养分和平衡的树。同企业一样，当一个国家的现金流断了或变为负数，尤其是面临巨额财政、贸易双赤字时，危机将难以避免。因为一旦股票、外汇、房地产或其他金融资产市场出现问题或狂跌，此时的政府已捉襟见肘，无力拆东墙补西墙，阻止系统性金融危机的爆发。值得庆幸的是，改革开放以来，中国经济快速发展，总体而言，财政收支、贸易收支的现金流不仅是正的，而且结余快速增长。这意味着中国有足够的财力应对局部金融市场出现的问题。事实上，改革开放以来，中国政府和股民一直在用实体经济产生的巨大盈余为银行、股市、券商、期货等金融市场和机构的巨额亏空买单。

尽管中国尚无可能发生系统性金融危机，但在过去十几年的发展过程中，个别金融市场、个别金融产品和个别金融机构的危机却时有发生。中国金融业不仅走了很多弯路，步履维艰，出现了很多漏洞，而且付出了沉重的代价，若把这些代价累积起来，恐怕不比一场系统性金融危机所造成的损失小。更令人遗憾的是，尽管我们付出了沉重的代价，但我们尚未建立起一套符合金融市场体系客观规律、能与国际金融市场接轨、相对有效的现代金融体系。

尽管中国尚无资格发生系统性金融危机，但随着混业经营及国际金融的到来，客观风险将不断加剧，中国正在为未来的系统性金融危机"奠定基础"。因为无法建立一个符合金融市场体系客观规律、能与国际金融市场接轨、相对有效的现代金融体系，本身就是潜在的系统性金融危机。如果把中国的金融业比做一棵金融树，中国的实体经济为其提供了稳固和肥沃的土壤，但这棵树自身的根基并不牢固，不牢固的根基将会影响到整个体系，越往上风险越大。

本文发表在 2006 年 1 月 20 日出版的《商务周刊》。本世纪初的头几年，中国的四大国有银行开始探索改制、股份化、上市等议题。由于当时我国银行积累的呆账、坏账、负债较多，运营效率较低，加之当时的国内外经济等原因，部分国内外经济学者就开始断言"中国金融危机无法避免"。代表人物之一是美国 MIT 斯隆管理学院的 Thurow 教授，《纽约时报》的专栏作家，在美国家喻户晓。据《纽约时报》报道，他曾在 2004 年 7 月在上海发表上述言论。针对这种和类似的观点，笔者撰文指出："中国尚无资格发生系统性金融危机。系统性金融危机往往发生在赤字和外债较为严重的国家，尤其是面临巨额财政、贸易双赤字时，危机将难以避免。"这个国家不言而喻，不是别的，就是美国。

第七节：点石成金
——金融高手为中国股市提供良药

商务周刊

王玉

摄影：XU JINGXING/BUSIESS WEEKLY

率直的学者： 丁大卫，加籍华裔国际金融专家，在谈到稚嫩的中国股市时振振有词。1993 年应邀对中国期货市场发展考察，他的建议至少帮助中国避免两次金融危机的发生。

"一个健康的股市应该是公开的、市场导向的和专业化的，只有这样，我们才能提高市场的有效性和效率。"

国际金融专家 丁大卫

丁大卫，这位"跨国"金融专家被证明非常具有远见卓识，曾帮助中国政府避免金融危机的发生。他上周在北京出现，为已经被热炒中的、有关成长中的中国股市辩论又加了一把火。

作为国家金融改革顶级顾问的加籍华人丁大卫，当谈到股市的问题时，直言不讳。

在回答《商务周刊》采访时，丁大卫说："太多计划经济的做法诱发很多问题，影响中国股市健康发展。广大股民被一些概念所困惑。"

"一个健康的股票市场应该是公开的、市场导向的和专业化的，只有这样，我们才能提高市场的有效性和效率。因此，业绩表现好的公司的股票价值应该上扬，表现不好的公司的股票应该下降。"

但是现在的市场正好与此相反，他举了郑州百文的例子。

郑州百文，是一家内陆批发公司，曾经通过和银行、供货商三角债的关系创建了"辉煌"的业绩，但是由于不能偿还一笔高达20亿的银行贷款，一直面临被摘牌的命运。

尽管如此，即使在年初重组建议正在争论时，这家负债累累公司的股票却在不断上扬。

"当然，当局也不情愿把它摘牌，因为一旦摘牌倒闭，不仅20亿的资金将被蒸发，广大投资者的投资也将化为乌有。"

"但依我之见，政府主要职责应该是由不同的部门制定和监管执行游戏规则，而不应参与到游戏之中。"

根据丁的看法，政府机构应该更多地关注立法，监督市场，提供服务，其余的交给市场。

"市场本身就是一个决定公司存亡及其股票涨落的杠杆，因此证监会没必要过多地干预市场运作。"

"比如，我并不认为所有新发股票的市盈率都由证监会确定是合适的做法。"

"如果一个公司很有希望，投资者会踊跃购买它的股票，即使它的市盈率很高。"

丁建议："政府应定位为市场监管者和服务提供者，此外，一个完善的标准化的股票交易体系迫不及待。"

他说，目前中国只有两个（雷同的）股票交易所，且交易规则相对滞后，他建议当局加大力度加强和丰富现在的股票交易结构，（形成多层次的股票交易体系）。

当问到为什么专业化对一个高效率的股票市场至关重要，丁再次提到他在美国的经验。

"的确，在美国，几乎人人都参与股票市场，但与中国不同的是，大多数股票投资者并不直接买卖股票，而是他们的经纪人在代理他们做。"（否则，如果人人参与，那将是一笔多么大的人财物的浪费。）

丁说："要想成为一个合格的股票经纪人，必须通过许多涉及专业知识和道德的考试。但是，在中国，太多的人在做他们不在行的事。"

20世纪80年代丁考取了极个别人才能通过的几乎所有美国金融/证券行业所需的营业执照。

谈到了他的成就，丁的自豪之情溢于言表。

"也许我的悟性较强，但让我受益更多的是扎扎实实的学术研究和实践。"丁表示。

"缺乏敬业精神是困扰中国股市的另外一个原因，在这样尚不成熟的市场，太多的短视行为将给市场带来很大的伤害。当务之急是从基础做起，澄清基本名词、概念，尽可能的遵循国际惯例。"

当丁于20世纪90年代回到中国时，他惊讶的发现国内两个股票交易所被误称为上海、深圳证券交易所。

"股票作为基础证券的一种，并不能代表所有的证券，（证券是集合名词）由于我多次建议，英文的名称已经改过来了，中文还没改。"

另外，丁强调从国际上看，成长型股票市场，不应该称为二板市场，（国际上也没有所谓的"二板市场"，现已改为创业板）。他说"也许我太挑剔，但是中国应该认真界定这些概念，特别是我们市场尚在发展中。"

出生在中国西北陕西西安的丁现在是加拿大居民，20世纪80年代初从北京某外语学院毕业后到海外攻读 MBA，此时，国内还很少有人听说过 MBA 。

当问及他那时为什么能够做出如此前瞻的决定时，他说他是那种能够静下心来思考未来的人。

他开玩笑说："我不是算命先生，也不是预言家，我只是根据事实做出判断，根据事物发展的客观规律预测未来。"

尽管不掌握什么魔力，但在预测金融市场的几次重大事件时，丁是准确无误的。

1993 年中国各种期货市场如雨后春笋般涌现，正当它们疯狂发展的高峰时刻，丁给时任副总理的朱镕基写信，建议立即制止期货市场盲目发展的现状。

丁是唯一的专家，逆势而为，最终被证明是正确的。

还有 1996 年，当股票市场疯狂上升到前所未有的高度时，丁警告市场崩盘，并采取积极措施，从而在香港回归之前避免了一场股灾的发生。

本文是中国日报 CHINA DAILY 的 《Business Weekly》 （商业周刊） 的采访报道，刊登在第 14 期 2001 年 4 月 10 日——16 日。发表时为英文，原文附后。

Right on the money
Finance high-flyer helps remedy stock jumbles

By WANG YU

Business Weekly staff

Outspoken scholar: David X. Ding, a Chinese Canadian international financial expert, illustrates a point about China's fledging stock market. Ding, invited by authorities 1993 to monitor the development of futures market, advised the Chinese Government against at least two financial crises.

"A sound stock market should be open, market-oriented and specialized. Only in this way can we enhance its efficiency and effectiveness."

David X. Ding, an international financial expert

David X. Ding, a "multi-national" financial expert who has proved to be farsighted in advising the Chinese Government against possible financial crises, showed up in Beijing last week to "fuel" the heated debate over the fledgling national stock market.

Ding, a top Chinese-Canadian adviser for the country' s financial re-form, is outspoken when it comes to addressing the problem.

"Too much planned economic operation bears the blame for many problems hampering the healthy growth of the Chinese stock market. Many grass-roots shareholders are confused by the concepts," Ding said in an interview with Business Weekly.

"A sound stock market should be open, market-oriented and special-ized. Only in this way can we enhance its efficiency and effectiveness. Thereby the strongly performing stocks would rise in value, while the poor-ly performing ones would fall.

But the current market was moving the opposite way, he said, citing the case of Zhengzhou Baiwen as an example.

Zhengzhou Baiwen, an inland wholesale company, once enjoyed great "success" by creating a triangle-debt relation with banks and commodity suppliers. But it has since faced the threat of delisting after appearing un-able to pay back a huge debt of over 2 billion yuan (US$240 million) .

However, the debt-ridden enterprise saw its stock price keep rising, even as a restructuring proposal was hotly discussed at the beginning of this year.

"Of course, the authorities are reluctant to delist the stock because in that case the 2 billion yuan will evaporate.

"But from my point of view, the duty of government watchdogs lies more in keeping the sheep in the fold rather than having to mend the fence."

According to Ding, government institutions should attach more impor-tance to drafting laws, monitoring operations and providing services, while leaving the rest to the market.

"The market serves as the lever to decide whether a certain enterprise rises or falls. Therefore it is not necessary for the Chinese Securities Regulatory Commission (CSRC) to intervene too much.

"For instance, I do not suppose it is proper for the CSRC to regulate clear-cut Price Earning (PE) Ratios".

"If a company is promising, investors will rush to buy its shares even if its market-determined PE ratio is quite high."

As to the government's function as watchdog and service provider, Ding suggested that a complete and standardized stock trading system was desperately needed.

He said that in China only two markets existed, and the game rules were relatively poor. He suggested the authorities devote more effort to strengthening and enriching the existing share trading structure.

When asked why specialization was important for an efficient and effective stock market, Ding turned again to his experience in America.

"It is true that in the United States almost every citizen gets involved in the stock market, but unlike the situation in China, most of them do not buy or sell shares by themselves — instead they get the job done by their agents."

To become a qualified stock agent, one had to pass many tests and exams involving both expertise and professionalism, Ding said.

However, in China "too many people are doing a job they do not really know," he said .

In the 1980s Ding obtained all the certificates and licenses requited for all the sock markets across the United States – above and beyond average brokers.

In talking about his achievement, Ding could not help showing signs of pride.

"Maybe I am a little bit sharp in understanding and comprehension, but what benefited me most is the spirit of step-by-step in academic research and practical working," Ding said.

Lack of practical spirit was another reason the Chinese market may be strained he said. "In such an immature market, too much short-sighted action will do great harm. And the top priority is to clarify the basic concepts and to follow the international format as much as possible."

When Ding returned to China in the 1990s, he was surprised to find that the nation's first two stock markets were mistakenly titled "Shanghai /Shenzhen Securities Exchange Market."

"Just as primary security, 'stock' does not refer to the same concept as 'securities' do.

"Now the English version has been revised because of my insistence, but the Chinese one still remains.

In another instance, Ding asserted that, internationally speaking, the Growth Enterprises Market could not be called a second board.

"Maybe I am too picky, but China should adopt a serious attitude to define these basic jobs, especially when the market is underdeveloped," Ding advised.

Born in Xian in Northwest China's Shanxi Province, and now a resident of Canada, Ding after graduating from the Beijing Foreign Studies University chose to seek further overseas education in 1981 when few people nationwide knew what the abbreviation "MBA" (Master of Business Administration) stood for.

When asked how he could make such a farsighted decision at that time, Ding said that he was the kind of person who could sit down and plan the future.

"But I am not a fortune teller or a prophet," he joked.

"I only make judgments based on facts, and forecast the future by abiding by the objective principle of development"

Though not possessing any magic power, Ding was right on the money when making predictions on several big events in the financial market.

In 1993 when the newborn futures markets were madly chasing capital, Ding wrote letters to the then Vice Premier Zhu Rongji advising that blind and overheated development of the markets must be halted.

Ding was the only adviser to stand against the tide, and was eventually proved right.

And in 1996, when the stock market rocketed to unprecedented heights, Ding warned of a crash, and took a positive role in preventing the calamity from happening before Hong Kong's return to the motherland.

第八节：自然规律根本不是弱肉强食，平衡才是自然规律

核心提示：

　　自然规律是弱肉强食是人类对大自然的偏见，人类以此为行为准则，死路一条！看起来人类在征服地球，其实是不堪一击，当外界的东西不能发挥作用时，人类将陷入极度混乱。人类的做法是极度贪婪、极度透支地球的承受力及后代的利益，这样得不偿失。

平衡是自然规律，弱肉强食是人类对大自然的偏见

　　自然规律是弱肉强食是人类对大自然的偏见，人类以此偏见为行为准则，从而导致人类陷入困境，反过来证明弱肉强食不是大自然规律。这亦反映了人类的强盗心态，故人类出现大规模的自相残杀——战争便是例证，人类亦以此心态残忍对付先于人类早居地球的动物，请问谁见过强大的大象欺负小动物？如弱肉强食反映自然规律，大自然应只剩下狮子老虎，弱肉强食根本不是大自然的最基本法则，平衡才是大自然的最基本法则。而人类正因为不遵循这个法则，所以才有破坏地球、破坏生态平衡的罪名。

　　大自然本来就是一个生态平衡的体系，地球自有生命以来（特别是人类未出现以前或者人类未发明工具以前），动物们都自觉不自觉

地遵循着这个规律，并且证明在这样的地球以如此方式生存是正确的。而人类却利用工具过度贪婪地破坏了这种平衡，从而透支地球的承受力及后代的利益，人类亦因为贪婪而使自身退化不适应自然，如果人类早200年就醒悟可能还有回旋余地，现在确实进入了死胡同。人类以灭亡为代价而得到暂时的利益是划不来的。

虽然人类依赖工具砍伐森林，霸占动物栖息地使自己看似免受被许多猛兽撕碎并生吞之苦，但是，善恶报应亦不是没有的，只是换了一种方式而已。如人类多病，有车祸、飞机失事、火车出轨、沉船、战争、自杀等苦受，这些又何异于被许多猛兽撕碎并生吞呢？恐怕更苦吧。

平衡的生命网络之生命实无高低贵贱之分，亦无绝对的主宰与被主宰的关系。如果出现绝对的主宰与被主宰的关系，也就是不平衡的开始，也是共同走向灭亡的开始，这与世上做人处理人与人之间的关系道理亦是一样的。

事实上无人类的介入，大地动植物更充满生机，偏见弱肉强食为自然规律反映人类极其霸道。事实上，平衡是自然规律，若失平衡将不自然，若不自然将破坏平衡，平衡中生存，自然中发展（进化）。而人类却破坏生态平衡。人类若不能正视自己在地球上的位置，不仅不能保住原有的位置，甚至会被淘汰出局，这与世上做人处理人与人之间的关系道理亦是一样的。一样的道理，当然就有一样的结果，有什么想不通的呢。

人类并不是在向着适者生存的方向走，人类越依赖工具，自身适应自然的生存能力越退化，这怎么是适者生存的走法呢?走反了吧?动物才够资格说是向适者生存的方向走，人类是相反的，人类是强盗的走法——死路一条! 哪有强盗会安乐的呢? 哪怕他有很多钱，也是吃不安稳的。

因为人类根本不愿意舍去所贪得的一切，而且比任何时候都更加"疯狂"地索取，所以人类无法回头，已经进入了死胡同。

几乎每个有生育能力的家庭都会生育儿女，爱护自己的儿女，但为什么不想想儿女也会爱护他们的儿女，这样类推下去都是这样的，为什么现代的人却不管自己的子孙呢？看不到，难道想不到吗？

进化是指身体适应自然的生存能力，在提高谓之进化，反之退化，人类是依赖工具而达到的目的，不是自身的实力，并且，依赖工具导致退化原有的实力，这是不可否认的。看起来人类在征服地球，其实是不堪一击的，一但外界的东西不能发挥作用时，人类将陷入极度混乱中。并且人类的做法是极度贪婪、极度透支地球的承受力及后代的利益，这样是得不偿失的。人类想通过科技不受自然的制约，为什么不想想这样做却导致受科技的制约，这有什么不同的吗？动物不依赖外界的工具，不等于动物没有工具，更不等于动物的工具比人类落后，相反如无动物，人类根本无甚发明创造。动物有人类无法做到的精密的身内工具。请问这个依赖工具得到的好处却作为退化生存繁衍能力的代价，这个矛盾怎么解决呢？

从人类依赖工具生存的方式导致人类生存繁衍能力退化看，人类的身体是越来越"娇气"，不要光考虑科技发达带来的少许利益，更要考虑人类的生存繁衍能力在依赖科技、工具的过程中大幅度下降，这是最要命的！

人类爱干净是依赖工具的结果，动物依靠自己，就没有这些麻烦，自己的身体实力提高才是真正的强大，工具强大却不是自己的，自己反而变得越来越弱，这样长久下去，人类必然无处可住，因为身体受不了"脏"（对动物来说却是越脏的地方越有吃的，脏是相对的，不是绝对的），事实上森林最干净，这就是动物世界的奇妙！

人类依仗外力而不是自身实力而成为所有动物的"天敌"，但人类却不加节制地泛滥繁殖，而以自身实力无天敌的大象、河马、鲸鱼、长颈鹿、嘟嘟鸟等却不会泛滥繁殖充满地球。地球历史上有不少动物曾称霸地球，但其猎物却不因此而灭绝；但只要人类看中某种动物商业价值或视其为利益冲突者，都免不了灭绝的命运，这是人类极其霸道的例子。

动物与人类的根本区别在于:人类是有复杂思维能力的，动物只是单纯的思维；人类才有道德与不道德（贪心与不贪心，是与非）的概念，动物是没有这个概念的，只有生存与繁衍并围绕这两件事做事情；动物走的是进化自身适应自然的生存之路，人类依赖工具退化自身生存繁衍能力从而走向灭亡，依赖工具膨胀满足其贪心，不道德与依赖工具两者相辅相成，最终导致灭亡。明白什么叫因自己而造成灭亡吗？人类搞那么多名堂透支地球的承受力及后代的利益，有啥道德？

人类的一切暂时利益却是以灭亡为代价，还有啥值得高兴?请问朋友，当你一世人只有一万元钱时，是会一次吃成个大胖子，然后挨饿等死，还是分开来慢慢吃，每餐少吃点但不至于饿死呢?人类就好比突然得到一万元钱的人而一次性地花光然后等死，你能明白吗?

人脑其实亦在退化状态，只有少数的科学家在"进化"自己而已，对整体影响不大。因为大多数的人满脑子都是挣钱的想法，谈享受、谈舒服，甚至吸烟、喝酒、邪淫等害自己的事情，这些都已经不是少数人的事，而是人类的整体情况，这怎么可能有助于进化大脑呢？

关键是生存能力与繁衍能力都在退化，剩下个脑袋也离不开工具，真是人类自堵活路啊!

如果人类所依赖的工具陷入停顿根本无法应付：牙没力，消化不了生食；跑不过动物；生的小孩没牛奶喝，生产要依赖医生等，人的耐苦力非常弱⋯⋯

人类现在必须依靠衣服来取暖，要依赖众多原来根本不用依赖的物品来支撑自己的无能身体才能生存，这就是退化的表现。而动物们靠着本身的强大力量来得以生存，不会像人类那样如此依赖工具，而且工具只能用一定的时间，时间到了必须换新的，人也退化掉了自己原来的抵抗力，越来越弱。这就是退化。

感叹人类自我摧残繁衍能力：人类因各种原因造成母乳喂养率下降，这将导致人类母乳稀少甚至失去产奶功能，一个物种的婴儿竟依赖其他物种的生存而生存，能繁衍不息吗？现代人还多了一个名堂，倾向于剖腹产，不知人类以后还有没有生产能力呢?

人类只知研制疫苗做预防措施，不知反省自身抗病能力与动物相差甚远，一味依赖（药物），同是地球生命，唯独人类退化。

曾闻某国家某地方洪水，却说缺水，真是人类退化的极其悲哀的写照，非洲很多动物生存的地方常常干旱几个月，最盼望的就是洪水的到来，人类却在洪水期说没水喝，真是可怜的地球生物，竟然退化到如此地步！人为的生存方式造成人类生存能力的退化，可说是人类自掘坟墓。

所有动物的肥胖都可抵御饥饿（即动物如果吃胖了可以挨饿，可以很多天甚至几个月甚至一年两年不吃也不会饿死，只是变瘦而已），而人类则相反（胖人反而多吃，不吃会饿坏身体发病甚至死去），还要借助各种办法减肥；动物猎豹身体瘦却奔跑速度第一，而非洲难民瘦则弱而多病，这是人类退化不适应自然的例子。

现代人除了依赖工具外，究竟还有啥真正的身体实力？现代的小孩一出生的身体状况就无法跟所有灵长类动物的体能相提并论了（更别说那些非洲草原的斑马、牛羚等素食动物了）：人类小孩有力气抱住、拉住母亲吗？除了会哭还会啥？连要找奶喝的能力可能都没有。直直地躺着连翻身的能力都没有（过好久才会翻身吧？），连小狗也是没得比的，小狗虽然没睁开眼睛，可是很会找妈妈。曾在电视中看到一个刚出生不到 24 小时的猴子抱着妈妈从 10 多米高的树上跳下水，并且在水下潜水一分钟，还没事，唉！讲到人类真是羞死了……

人类普遍很奇怪，只顾眼前的自己（其实连自己的身体也不顾，只是顾一时的喜好而已），连后代（子女）也不顾。比如人类吸烟酗酒对后代是致命伤，此等影响后代的恶劣现象却越演越烈，人类是个喜欢自我摧残的种姓。动物很懂得自我保护，绝不会吃那些已经知道危害自己身体的东西，即常吃本能食物，这也许是恶劣对待其他动物的恶果吧？

依赖工具导致气候环境恶劣，自身却退化得越来越弱，贪图享受导致心理脆弱，这些决定了人类灭亡在所难免！因人类退化导致其生存繁衍能力不及动物，在将来的恶劣的环境气候下，人类必先于动物而灭绝。而动物在人类灭绝后，可能会开始新一轮的艰难的进化，但是，胜利一定属于动物，这取决于动物有顽强的生存能力与意志力，而人类的心身都是极度脆弱的，只有人类才会因苦而自杀，动物，哪怕是地球上只剩下一个动物，它也不会想到死，而会努力生存，人类就不可以。所以，人类必先于动物而灭绝。

愿人类能早日知错，知错是进步的第一步，然后认错，再改错。希望人类在未灭亡前有走出灭亡之阴影的一天！

弱肉强食不能反映自然规律，只是自然规律的一个局部的侧面，起码它就不能包括广大的吃素的动物。而吃素的动物不论是数量上还是重量上都是占优势的，平衡则能充分反映自然规律，从人类破坏这种平衡的结果看到违反自然规律的恶劣后果，这是主贴论理的重要原因。人类的暂时利益如舔刀上蜜——代价太大、太危险了！愿意舔刀上的蜜就舔吧！

一切自然物种及其群落都与所在地域的环境条件相适应，只要条件不变，就能长期生存，即使发生扩散或缩减，其历程也是缓慢和渐变的。人类活动的加剧，却打破了这千古不变的平衡。

如果人类坚信大自然的规律是弱肉强食，就请人类做好自身肉弱(人类自身根本不强大，只是靠外力而不是实力看似强大而已) 会被强者所食的准备。否则，请尊重大自然的平衡规律，给动物们出路，否则，堵死地球其他生物之路无异于自堵生路。

本文 2006 年 3 月 3 日由网名"永远的动物"发表在西祠胡同网站。笔者多次努力未能联系到"永远的动物"，故原作者不详。

第九节：人类可能面临比金融海啸更大的危机

核心提示：

如果人类不开始反省，改邪归正，那将是不自量力、聪明反被聪明误。人类将最终毁于自己的主观、无知、自私、贪婪和GDP。相对整个人类将要面临的生存危机，也许目前的金融海啸根本不值一提，仅气候变化一项就有可能给人类带来毁灭性的打击。

作为金融科学从业者，一方面，我始终坚信，地球、宇宙是一体的，包括金融在内的万物是相通、相互影响的；另一方面，出于对自然及整个人类命运的兴趣和关心，所以习惯于从时空、地球和宇宙的角度和高度看待事物的发展。俗话说，站得高看得远。但毕竟我只是一位包括地球和宇宙在内的自然科学方面的门外汉，所以，此文的目的是抛砖引玉，希望能引起更多的人关注人类与地球的长远利益，而不仅仅是眼前的一己私利，同时也一如既往地希望，我的预言和警示能够被未来的事实证明是错误的，但目前看来这种可能性并不大，那样，我的预言和警告也就达到了真正的目的和作用。故，文中错误在所难免，请各位专家学者指正、批评和海涵。

地球规津，精美绝伦

人类生存的地球有着精美绝伦的规律，令人叹为观止。简单地说，太阳是地球光、热、能的主要来源。地球与太阳的距离、自转的速度、地球的大小、大气层的组成等，都恰到好处。地球特殊的生态条件，使它成为太阳系九大行星中唯一有生命的星球。如果地球离太阳的距离比现在稍近，地球将太热，反之则太冷。由于地球的自转轴与公转轨道平面斜交 66°33′，而且此倾角在地球公转过程中始终不变，因此在一年中，太阳的直射点总是在南北回归线之间移动，从而产生了昼夜长短的变化和四季的交替。如果没有这个偏角，热的地方将总是热，冷的地方将一直冷。在太阳系中，行星的自转轴大多与公转平面接近垂直，但天王星的自转轴的倾斜度竟为 98°，"躺着"绕太阳公转。它的公转周期为 84 年，太阳轮流照射它的北极、赤道、南极、赤道，其昼夜要 42 年才变换一次。

月亮对地球的山脉和海洋的形成，乃至生物体内的规律都有重要作用。奇妙的是，月亮自转与公转同步，即月亮自转一周的时间恰好等于它公转一周的时间！所以月亮总以同一面对着地球。

地球大气层的重要性是众所周知的。但是，如果地球的直径比现在小，大气层中的氢气、氧气就不能被地球的引力吸住；如果地球的直径过大，地球的引力又将太大而使人体无法承受。此外，大气层的结构也很重要……

地球法则乃人类终极法则

地球乃至整个宇宙是由万物组成，万物皆有规律，否则，地球和宇宙就乱套了，也根本不会存在。换句话说，万物、地球、宇宙有着完美的规律。这些规律最大的特点之一，或者说，在无数规律中，最重要的规律之一就是：全方位相对对立、统一、守恒。没有对立，就没有统一、就没有平衡，就只有极端，极端将导致终结；最重要的规律之二，就是规律是一环扣一环的，小规律外面有大规律，大规律外面还有更大的规律，地球法规/规律外面还有宇宙的规律，以此类推。这一发现或定律是建立在爱因斯坦开创的相对论和统一场论基础上的。

俗话说，人无远虑，必有近忧。这里的"远近"，不仅指时间上的远近，还包括空间上的远近。此话同样适用于一个家庭、一个国家、一个民族及整个人类。

众所周知，家有家规，国有国法，国际上还有国际法，然而很少人知道或关心地球的法则。这些法则一个比一个大，后者制约前者。

例如，一个人的行为可能符合家规，但违反了国法，所以要受到国法的惩罚；一个国家的行为可能符合国法，但违反了国际法，所以要受到联合国等国际社会的制裁；人类的行为，从短期看，可能符合人类的需求和法则，但从时空的角度看，却违反了地球法则，所以也将受到地球的惩罚。

上述法则适用于地球里的万事万物，因为任何人和物都是时空的产物，都受时空的影响。

例如，导致此次金融危机的直接导火索是美国的次贷和公允价值会计准则。单独地看，次贷作为金融产品，公允价值作为价值标准，看似完美无缺，但如果把它们放在整个金融体系尤其是金融树体系或金融树时空体系中，你也许会轻而易举地发现，它们是多么地荒诞；又例如，芝加哥期货交易所是全球最优秀的金融产品交易所之一，其股票价格从 2002 年末上市时的 16 美元一路上涨至 2007 底的 700 多美元，单独地看，该交易所体系非常完美，但任何事物都不能孤立存在，如果你能把它放在整个美国金融体系中，你也许会发现，包括它在内的整个美国金融体系非常糟糕，而且它是最糟糕的一部分，所以，当整个金融体系崩溃时，它也无法摆脱灾难，该股票价格从 2007 年年底的 700 多美元跌至 2008 年年末的 155 美元。

同样的道理，孤立地看，本来中国经济运行良好，但通过金融树统一场，你也许会发现，包括中国经济在内的全球金融体系、贸易体系及货币体系都严重违反了地球法则。所以，如果不能前瞻性地预防，做好充分准备，国际金融危机一旦爆发，作为全球经济一部分的中国根本不能独善其身。当整体受到影响时，整体中的部分很难不受到影响。当整体被毁灭时，整体中的部分也同样被毁灭，这是一个非常简单的逻辑。

同样的道理，人是自然的产物，地球是人类的家园，如果人类依存的地球遭到破坏，人类根本无法独善其身，因为人与自然本来就是一体的，所谓天人合一。假如宇宙发生大爆炸，地球就有可能遭到毁灭性的打击。也许宇宙法则应该成为人类的终极法则。

此外，对立、统一、平衡也是事物发展的重要规律之一，违反了这个规律，灾难就有可能发生。我们知道飞机失事和轮船翻船的原因与它们的大小和速度关系不大，与它们的失衡密切相关。同样，金融危机、经济危机、社会危机、人类危机、地球危机等，都与失衡有着密切关系。美国的金融经济与实体经济严重失衡、严重脱节就是诱发这次危机的重要原因之一。而全球贸易失衡是导致此次危机的最根本原因。如果全球贸易，尤其是中美贸易保持平衡，美国就不会积累如此大的贸易赤字。正如 2005 年以来我反复警告，解决美国赤字问题

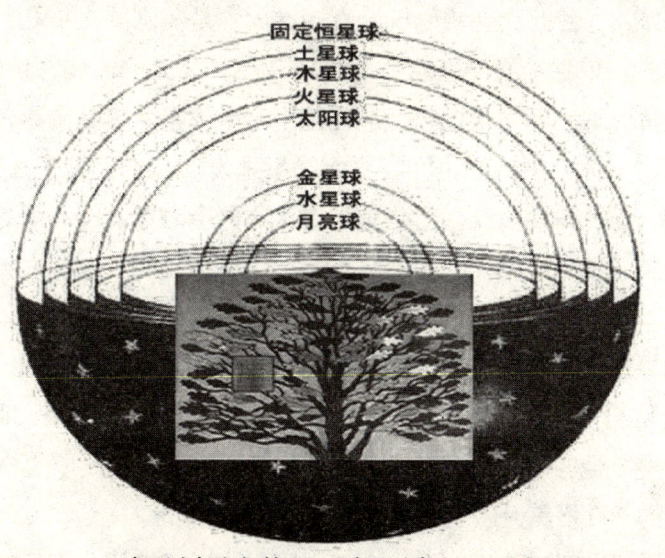

金融树时空体系、金融树统一场论

迫在眉睫，而且事关全世界，否则，将引发全球金融和经济危机。现在全球金融、贸易失衡问题亟待解决，而一个关系到未来全人类生存的更严峻的问题——地球生态失衡，更需要解决。

大规津一旦被破坏，小规津难免其损

任何人和物不仅处在一定的时空中，而且处在一定的统一场中。传统的统一场论仅限于物理，金融树统一场论包括所有事物和因素。

比如，有人认为把钱放在家里的箱子或保险箱是安全可靠的。的确，单从箱子的物理角度看，钱也许是安全的，但从箱子所处的时空角度看，钱就不那么安全了。小偷或别人可以直接把箱子搬走。如果发生火灾或水灾，钱可能被烧掉或被腐蚀被分解，甚至整个箱子都保不住；如果发生地震，整个房子可能都保不住，更何况箱子和箱子里的钱；假设十几年过去，什么也没发生，箱子和里面的钱都完美无缺，但该钱的价值已经损失了很多，主要是因为时间价值损失所致。20世纪八九十年代，拥有1万元的人或家庭被称为"万元户"，说明极其富有，如今"万元户"已经走向极其富有的反面。由此可见，任何人和物都受时空和统一场的影响。在这个过程中，大规律一旦被破坏，小规律难免其损。

又比如，一棵树长得好坏不仅取决于树的种子，而且取决于它的环境。比如土壤、位置、干旱、洪水、天气、气候、污染、冰冻、人的行为等很多因素都会影响它的生长。所谓"环境"就是一环绕一环的境界，即时空。小环境与大环境或小时空与大时空相互影响、相互作用，但通常是"胳膊拧不过大腿"，即小环境或小时空受制于大环境、大时空。

此次金融危机爆发前，很多人拼命赚钱并赚到了很多钱，但由于未能防范外围的风险，最终不但没有赚到钱，反而赔了更多钱，不是被市场"没收"，就是被骗子骗走。这就是掌握了小规律而没有掌握大规律所致，即因小失大。

这样只懂小规律，不懂大规律，因小失大的案例在此次危机中和日常生活中还有很多。我们不仅要懂得小规律，更要懂得大规律，只有这样才能将风险规避或最小化。

人类可能面临比金融海啸更大的危机

很多人用"金融海啸"来形容这次危机对全球经济冲击的力度。然而，世界可能面临比金融海啸更大的危机。比如，若危机进一步恶化，可导致更多国家破产、社会动荡，甚至战争。此外，整个人类和地球可能面临人类有史以来最大的危机和挑战。

首先，让我们看看目前危机的进展及可能的后果。尽管世界各国政府绞尽脑汁、使出浑身解数，但危机并没有得到遏制，而是不断向深度和广度蔓延。原因诸多，随意说几点如下：

一、此次危机的因果都是全球金融体系和全球贸易体系的危机，也就是说，这次危机的原因和结果都是全球性的。因此，如果世界各国不能站在全球和全人类的高度和广度，同舟共济、通力合作、携手并进、痛改前非，拿出一套全球性的、系统的、全方位对立统一，符合地球法则的体系，那么无论各国怎么做，效果都好不到哪去。试想，面对一个非常不稳定、不确定，甚至失衡的全球金融体系和货币体系，有几个进出口商可以放心地交易？来自金融体系和汇率体系（货币升值或贬值）的损失和风险可能远远大于来自进出口业务的收益，这种担惊受怕、得不偿失的买卖，谁愿意做？没有人买，没有人卖，谁还愿意生产呢？没有人生产，哪里有就业呢？没有就业，哪里有收入呢？没有收入，拿什么去消费？没有消费，经济又如何复苏？机械运动的一个常识是，用大圈带小圈，不但容易，而且小圈转得更快，否则，事与愿违。正如前面已经讲过，小规律往往受制于大规律，我们人类在解决全球性问题时，不能只掌握小规律，不掌握大规律，因小失大，本末倒置。令人遗憾的是，目前世界多国的做法恰恰如此，不仅"各人自扫门前雪，莫管他人瓦上霜"，而且推卸责任、指责别人、牺牲他国、拯救自己。然而，此路不通，道理前面已经讲过，即当一个整体中的所有个体不能形成对立统一，而是单向发展时，只会加速整体的崩溃，整体一旦崩溃，个体难免其损甚至灭亡。这是自然法则。

二、即使各国领袖顿生彻悟，萌生政治意志，达成共识，通力合作、同舟共济 (尽管这种可能性非常小)，人类仍难以在短期内扭转局面，因为人类尚未掌握驾驭金融与危机的规律。直至近代，人类一直迷信地认为刮风下雨等自然现象乃老天爷或风神鬼神所致。同样的道理，人类还远远没有认识到，尽管金融与危机属于人类意识范畴，但仍无法摆脱天地之规律的制约，人类不能随心所欲。认识不到这点，人类就难以找到金融与危机的客观规律，这就是金融危机不断发生的根本原因。

从次贷危机爆发到现在的一年半左右时间，美国政府一直在疲于奔命般地"救火"，可惜火还没有被扑灭。2009 年 3 月 15 日美财长伯南克接受美国哥伦比亚广播公司 60 分钟栏目采访，当记者问到，为什么要不断地用成百上千亿的纳税人的钱去救银行和保险公司？为什么不让它们倒闭？伯南克答道，我们要先灭火，然后再找原因。记者反问，好像火还在燃烧。伯南克答道，是的，火还在烧。如上所述，找不到金融与危机的系统规律，即着火的根源或火种，怎么可能把火灭掉？与之相关，政府和业界终于于 2008 年 9 月中下旬找到了部分原因——公允价值的会计准则，美国会在 2008 年 10 月 3 日通过的救市法案中，要求美证监会停止使用公允价值并拿出替代方法。可时至今日，也没拿出个像样东西。试问，没有一个合理的价值标准，股票市场、金融市场如何发展？针对这一问题，笔者早在 4 年前就发出了警告并给出了答案。目前，美国政府需大量印钞注入市场，否则流动性枯竭的市场将面临更多的倒闭。此举可能缓解目前的困局，但在不远的将来可能引发全球性资产贬值、恶性通货膨胀。此次危机始于流动性过剩，终于流动性枯竭。此次危机尚未结束，新一轮的流动性过剩又将开始。

三、同抵御自然风暴一样，在没有找到比较有效的方法情况下，金融危机在摧毁经济的同时，也在消耗自身的能量，直至耗尽。此时，真正的复苏才有可能开始。然而，冰冻三尺非一日之寒，金融危机的形成是多年错误决策和虚假繁荣的结果，改变这一结果，恐怕也要多年的努力。谁能保证在继续恶化和漫长复苏的道路上，不会出现新的更大的危机。

相对整个人类将要面临的诸多危机，也许目前的"金融海啸"根本不值一提。仅气候变化一项就有可能给人类带来毁灭性的打击。

气候是地球无数规律中的大体系之一，影响地球里的万事万物。地球的气候体系和能量体系是相对动态守恒的。然而，种种迹象和科学数据显示，这一"亘古"的定律已被人类"奇迹"般地颠覆，这种趋势正在加剧。

我们知道，有作用力，就有反作用力。由于地球是全方位平衡的，所以同金融体系一样，任何变化都会导致"牵一发而动全身"的效果。就拿气温变化来说，温室效应越来越明显，极端气候导致的灾难就越多。两极冰川正在加速融化，极地动物面临生存危机。如同实物资产被过度金融化带来的流动性过剩，过度流动性又导致流动性枯竭一样，两极冰川一旦全部融化，地球将失去"地球的冰箱"。没有了"冰箱"，地球将在一定程度上失去气温的调节和控制力，气温将显著升高，气温的升高将导致气温的流动性倍增。升高的气温和倍增的流动性将导致高山上的积雪融化，流动性最终将导致淡水枯竭。这种情况一旦发生，人类面临的不仅仅是饮水危机，而是一连串的危机。比如，地球上的大部分陆地将变成沙漠，还有一些土地会被上升的海平面淹没，大多数动物将从地球上消失，也许只有很少幸存下来的人能够艰难地生存在很少可生存的地方。据最新一期《新科学家》杂志报道，科学家预测，如果人类不立即采取行动减少温室气体排放，那么到本世纪末，地球表面的温度将会上升4℃。届时，只有约10亿人能幸存下来。笔者认为上述预测并不科学，因为科学家尚未找到地球升温的系统规律，地球升温是非线性的，实际情况可能比这要严重得多。

2009 年 1 月 31 日，约旦首都安曼两名男子在雪中戏耍。当月约旦发生罕见的雪灾。（照片来源：英国每日电讯报）

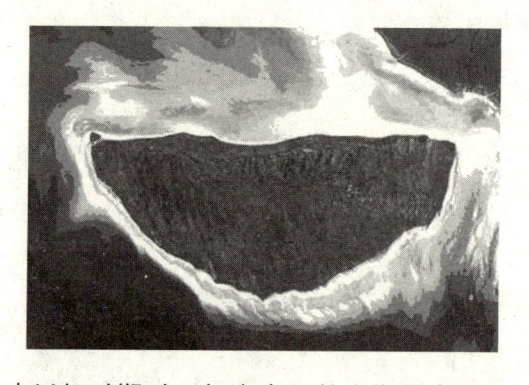

远在上个冰川纪时期时，加拿大阿基米斯基岛还被深藏在几千米冰层之下，如今随着冰雪的融化消退，阿基米斯基岛开始重现新颜，形成了新的海滩、溪流和湖泊。岛上树木植被茂盛，生机盎然。（本图由地球探测 7 号卫星摄于 2000 年 8 月 9 日）

冰川消融

本图也是由 IKONOS 卫星摄于 2005 年 8 月 8 日。显示了阿拉斯加湾克耐半岛附近的熊冰川边缘的融化区，当冰川沿粗糙海底运动时，开始出现大大小小的裂缝和破洞，并从经过的岩石处携取碎片和残骸。当两大冰川合并时，它们分别携带的碎片分别会在新冰川表层形成平等板条或中碛。

2008 年的咸海

谷歌卫星地图照片展现的是现在满目疮痍的咸海。据科学家估计，过去 40 年时间里，咸海表面积萎缩了近 60%，容积更是锐减了 80%。

2008 年 12 月 1 日，洪水淹没了威尼斯圣马克广场咖啡馆的桌子和椅子。

马尔代夫："人间天堂"正面临被海水淹没的危险。（照片来源：新华网）

也许很多人包括科学家认为，地球升温的幅度和速度非常缓慢。也许是这样，也许不是这样，取决于他们的参照标准，但他们忽略了升温带来的流动性。温度越高，流动性越强，流动性越强，升温越快，二者你追我赶，形成合力和加速度。这一过程与此次全球金融危机的形成与爆发如出一辙。如果全球尤其是美欧的资产没有过度金融化，就没有过度流动性；没有过度流动性，就没有冲击力；没有冲击力，就没有这次金融危机；没有金融危机，就不会有目前的流动性枯竭。同样的原因，升温将导致冰川雪山融化，冰川雪山融化将导致水资源的过度流动性，水资源的过度流动性将冲垮地球的防水系统——地球水库。地球的防水系统一旦被冲垮，地球的淡水将流向海洋，地球的陆地将会沙漠化，水会变得比石油还要昂贵。没有水，庄稼又如何生长？没有庄稼，人类又吃什么？

对很多人而言，一方面，地球升温似乎微乎其微；另一方面，近年来不断有热带地区出现寒冷天气的现象，如在非洲、中东等赤道附近的国家或地区下雪，2008 年初中国南方发生重大雪灾等。因此，温室效应并未引起人类的足够重视，甚至很多人感觉地球正在变得越来越冷。的确，很多人所在的地区有时比以前更冷了，这恰恰是温室效应的结果。温室效应最敏感的地带是最寒冷的地区——两极，也就是说，两极的温度上升速度最快、最明显。因此，温室效应首先会融化最寒冷的地方——两极的冰川，两极的寒冷一定程度上被整个地球的温度吸收，融化的冰川导致地球流动资源增加，加剧其流动性。这就是为什么两极的冰川已融化很多，而地球升温不明显的原因。正是由于上述原因，温室效应的结果并不是单向和简单的地球温度升高，而是双向甚至多向的。即在地球整体温度微升的同时，地球温差及其波动性将明显加大，热带地区会出现寒冷；寒冷地区会出现高温；本来就冷的地区可能变得更冷；本来就热的地区可能变得更热。这种现象将会持续很长时间，一旦两极冰川完全融化，地球整体温度将加速上升，气候将进一步恶化。上述现象不仅可以通过科学实验证明，而且同金融繁荣与危机的原理如出一辙，所谓万物是相通的。

不识庐山真面目，聪明反被聪明误

地球是一个统一体，人类只是其中的很小一部分，而且只能生存在极其有限和特定的地表层。客观的局限性等原因导致人类视野极其有限，所以我们必须借助地球卫星或到太空观察和了解地球及我们自己。随着"以人为本"的科学技术不断发展，人类感悟自然和在自然中的生存能力不断退化，必须借助人为工具才能生活在"人造"世界。人是自然的产物，然而，似乎人类社会越繁荣，人类走得离自然越远，离自我毁灭越近。没有繁荣，哪来毁灭？同生死、兴衰一样，繁荣与毁灭也是对立的统一体。从这个意义上讲，也许并非所有科技发明都能代表真正意义上的进步，至少不是人类与地球根本利益上的进步。显然，我们人类还远没有学会如何与地球和谐相处。地球上生物量的 99% 是植物，这一事实说明，植物相当善于处理与环境之间的关系。据说植物不仅有智慧，而且具有预见性和适应性。（详见第四章《植物智慧启迪人类重新思考》）

目前人类经济发展模式看似符合人类的社会发展需要和规律，但却违背和破坏了它外围更大的需求和规律，即地球的需求和规律。自认为万物之灵的人类如果不能从地球的整体利益出发、行动，改变以破坏自然生态环境为前提的发展模式和轨迹，不仅对地球不利，而且会使我们人类受到严重惩罚，毕竟人类在大自然面前是不堪一击的。地球的整个生态平衡体系已经被人类严重破坏，地球不是不报，而是时机未到。时机一到，整个人类都有可能面临灭顶之灾。

如同已经爆发的全球金融危机一样，完全避免上述情形发生的可能性非常小，因为时光不可倒转，已经发生的事是难以挽回的。为了推迟上述情形的发生、减缓上述情形带来的损失，人类必须超越自己，站在地球和宇宙的高度，克服人类偏见、主观意识、短视和贪婪，掌握由远及近的世界观，全面审视人类发展与地球和宇宙的关系，重新思考人类的定位、生存和发展模式，真正实现"天人合一"的和谐统一，这是人类的唯一出路。否则，人类将最终毁于人类的主观、无知、自私、贪婪和 GDP。我们人类精心创建的"美好"家园、人类文明等都有可能化为乌有。

该文创作于 2009 年春。

第二章：树说金融：
没有正确的概念，就没有正确的金融

　　核心提示：由于人类尚未掌握金融的规律，所以金融危机不断发生。此次由华尔街引发的全球金融危机再次印证了这样一个事实：没有正确的概念，就没有正确的金融。概念，是理解、掌握一门学科的基础。令人遗憾的是，许多人们耳熟能详的金融概念是错误的，或是不全面的，或是存在瑕疵的。没有准确的金融概念，就根本不可能找到金融的客观规律，更无法有效展开财富的创造。事实证明，金融的属性、逻辑性、系统性、全维性、来龙去脉、变化规律、局部与整体的关系和作用等一切的一切同树如出一辙，因此，金融就是树！笔者以独特理论，系统诠释人们貌似熟知的金融概念，从而揭示金融的本质和整个金融体系的来龙去脉。如果你能将所有的金融概念由树根到枝叶准确无误地串联在一起，你脑海里就会出现一棵枝叶繁茂的金融树。

新金融宣言·XinJinRongXuanYan

第一节：金融从哪里来

核心提示：

任何事物都不是也不能孤立存在，任何事物的出现、发展变化和特点都受其环境或系统的影响和制约，金融也不例外。金融看似人类的产物，但人类本身也是自然的产物，因此，金融仍无法摆脱自然规律的制约。

1.金融从哪里来

金融、金融市场，犹如一粒树种，在合适的土壤和时空中，随着人类社会的发展逐渐成长起来。

劳动是人类社会最重要、最基础、最有意义的活动。人类的早期劳动主要是从事与土地相关的活动，我们称之为农业社会、农业经济。然而，地球是收敛性的，也就是说地球的资源是有限的循环。我们人类不可能全部都永久地从事农业经济，我们必须谋求新的劳动形式和获取价值的方式。现在全世界在很大程度上，已从农业社会进入到工业社会和金融、信息社会。

劳动创造价值。伴随着人类生产力的提高，金融，作为价值本身、价值载体、价值流通的形式和获取价值的工具，也取得了相应的发展，也就是说，金融是随着人类社会的发展逐渐发展起来的。离开了金融，现代人类社会就无法发展。

综上所述，金融既不是天上掉下来的，也不是固有的。金融社会是在农业社会、工业社会的基础上逐渐发展起来的；金融产品是由农业产品、工业产品衍生而来。然而美国似乎忘记了或者不明白金融的根基是什么，以至金融经济与实体经济严重脱节，并全面倒塌，重创实体经济。

2.金融的根基是什么

作为金融价值根基的会计准则是人类社会和历史的最伟大发明，它的历史同人类的文明史一样悠久。会计是一切经济活动、商业活动的语言和准则，离开了会计，整个人类社会就会变得无序，无法发展。导致此次由美国引发全球金融灾难的一个重要技术原因就是，现有的会计准则严重滞后和误导，与市场脱节，不能反映真实的价值。重创之后，美国的管理当局终于如梦初醒，开始意识到上述问题的严重性，并在2008年10月3日通过的救市法案中授权美国证监会停止使用相关会计准则。令人遗憾的是证监会还搞不明白如何具体操作。2008年10月15日欧盟通过了同样的法案。

3.什么是金融

金，金子；融，融通；金融——金子的融会贯通。古今中外，黄金，因其不可毁灭性、高度可塑性、相对稀缺性、无限可分割性、同质性及色泽明亮等特性、特点，成为经济价值最理想的代表、储存物、稳定器和交换媒介之一，并因此成为世人喜爱和追逐的对象。

黄金曾一度成为国际贸易中唯一的媒介。在易货经济时代，商人只能进行对口的交易，以物易物，因此，人类的经济活动受到巨大制约。在金本位经济时代，价值与财富是以实物资产——黄金为依据和标准，这种客观的物理方法非常有利于全球经济的平稳发展。然而，作为价值流通的载体，黄金不利的一面如搬运、携带、转换等不便的物理条件限制，使它又让位于更为灵活的纸币（货币）。如今，货币经济不仅早已取代了原始的易货经济，而且覆盖了金本位经济。货币经济在给人类带来空前经济自由的同时，也给人类带来诸多麻烦和问题，如世界贸易不平衡、价值不统一、通货膨胀、货币贬值、经济发展大起大落等。引发当前这场席卷全球的金融危机的重要宏观因素之一，就是全球贸易失衡，尤其是巨大的美国贸易赤字。

脱离金本位的初衷是想实现经济自由和稳定发展，然而，今天却适得其反。在货币多样化的今天，现代金融中的含"金"量越来越少，但其内涵、作用及风险却越来越广、越来越大，并已渗透到社会的每个角落和每个人的生活中。

综上所述，金融就是价值的流通。离开了价值流通，金融就成为"一潭死水"，价值就无法转换。价值无法转换，经济就无法运转；经济无法运转，新的价值也无法产生；新的价值无法产生，人类社会就无法发展。因此，金融危机发展到一定程度就会演变为经济危机，经济危机发展到一定程度就会演变为社会危机。世界大战的深层原因都是经济问题。

4.金融是什么

金融，是指货币资金的融通，可分为直接金融和间接金融，或直接融资、间接融资。这两种资金融通方式的区别在于有否金融机构介入，没有，则为直接金融；有，则为间接金融。

事实证明，金融的属性、表现形式、运转规律、逻辑性、系统性、全维性、来龙去脉、变化规律、局部与整体的关系和作用等一切的一切同树如出一辙，因此，金融就是树！尽管金融属于人类意识范畴，但它必须遵循天地之规律——地球法则。树是地球法则的集大成者。"金融树"通过树，揭示了金融发展变化的唯一客观规律。所有金融危机都是人为的，都不应该发生，都是可以避免的。但在人类掌握金融的基本规律之前，金融危机是难以避免的。多年的研究与实践证明，金融就是树，违背了树的原则和规律，金融危机就一定会发生。

5.什么是金融产品

金融产品指的是具有经济价值的各种载体，如现金、股票、期货等。比如我们说张三很有钱，不过他的300万块钱都买了股票，现在这些股票的市场价值还不到100万。从这个例子中，我们看到价值在不同的载体中转换并存在。除极少数情况下，如金条、金砖等，这种载体往往是以非实物的有价证券形式存在，因此也称为"金融资产"。此外，由于金融产品又能用来赢利，所以又称为"金融工具"。上述张三用钱买股票就是想用股票这个金融工具去赚钱。

多数金融产品都是由实物资产演变而来，比如微软公司的股票就是由微软公司的实际资产演变而来，而微软公司的股票期货和期权又是由微软公司的股票演变而来；又比如房屋抵押证券是由房屋而来。好比树叶是由树枝而来，树枝是由树干而来，树干是由树根而来。它们环环相扣，相互影响。

近 20~30 年，创新是最时尚的。华尔街的"精英们"更不甘下风。他们绞尽脑汁，不断花样翻新，创造出各种各样、纷繁凌乱、连自己都搞不懂，更不用说驾驭它们的金融产品，结果导致美国这棵金融大树严重失衡，不堪重负。这就是这次华尔街几近"自我毁灭"的系统和市场原因，这也是为什么美国人民很不情愿救华尔街的原因之一。

财务、银行、金融证券、会计、保险、经济、房子、债券、

货币市场、股票期货、风险投资、投资银行、股指期权、对冲基金、房屋抵押证券、

金融树模型

（该金融产品示意图与实际金融产品模型存在巨大差异）

6.什么是金融市场

简单地说，金融市场就是所有金融产品交易的市场，也是所有金融从业人员从业的市场。金融市场也可称为"金融体系"，尽管它很不完善。既然金融市场是所有金融产品交易的市场，那么它涉及的领域、范围就很广，涉及的内容就很多。在此先简单介绍，以后再详细说明。

金融市场或金融体系是该领域的最大范畴，非常复杂，可以有不同的划分方法。首先，金融的核心体系包括：银行体系、证券体系、保险体系。广义的金融体系还包括对冲基金、风险投资、信托基金、私募基金等。

所有金融市场都是资金的市场，如果按照资金的期限即时间长短划分，银行体系和证券体系中又包括短期资金市场即货币市场和长期资金市场即资本市场。

7.什么是金融机构

金融机构是指从事与金融服务业有关的金融中介机构，为金融体系的一部分。金融服务业包括银行、证券、保险、信托、基金、信用评级等行业，与此相应，金融中介机构也包括银行、证券公司、保险公司、信托投资公司、基金管理公司及信用评级等机构。

第二节：金融树演绎金融体系、金融市场、金融产品

核心提示：

宇宙是一体的，万物是相通的。金融是经济的血脉，一旦把握住经济的脉络——金融，整个金融世界便一通百通。

1.什么是金融树体系

万物皆有规律。尽管金融属于人类意识范畴，但它必须遵循天地之规律——地球法则。树是地球法则的集大成者。树木无事不知、无所不晓。我们人类的肉眼是单向的，看到的通常只是事物的表层，一个点或一个面，即一维或二维，而事物的发展往往是多维或全维的，金融的发展变化就是系统和全维的，同自然界的树如出一辙。金融树通过树，终于发现了"金融"与"树"的逻辑关系，揭示了金融发展变化的客观规律。金融树体系按照自然的规律、层次、结构、逻辑，将影响企业、行业乃至国家的所有因素系统集成到一棵可视化的"金融树"，让人一目了然，全维地看到它们之间的关系、作用、逻辑和变化等。它不但能解释所有的金融现象、解决现实中的所有金融问题，而且从根本上解决了金融是从哪里来到哪里去的问题。多年的研究与实践证明，金融就是树，违背了树的原则和规律，金融危机就一定会发生。凭借金融树体系，历次金融危机爆发前，笔者都向世人发出了警示，告知了结果，提出了应对措施。

金融树的由来
金融树的核心体系

树根、树干、树冠是相互依存，相互影响，不可分割的整体。没有树根，就不会有树干，没有树干就不会有树冠。

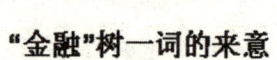

树根+树干+树冠=树

会计+财务+金融=金融树

Financial Accounting +Financial Management +Financial Markets/Products=FinancialTree

"金融"树一词的来意

会计或会计准则/原理、财务管理、金融产品/市场等分别来自英文，Financial Accounting/Principle, Financial Management, Financial Products/ Markets.

它们都离不开金融"FANANCIAL"一词。

（树图标注：金融市场 Financial Market，金融产品 Financial Products，财务管理 Financial Management，会计准则 Financial Accounting）

2.金融体系、金融市场、金融产品是如何划分的

由于人类感官的局限性，我们对客观世界的认识往往与事实存在很大差距。几千年以来，人类一直认为刮风下雨是风神、雨神等所致。现在借助各种科学仪器，人类终于认识到刮风下雨乃自然现象和规律所致。同样，作为所谓无形的金融资产，似乎是看不见、摸不着的，因此，人类想要客观分析金融这个系统全维体系不仅是相当难，而且出现了许多误区。比如很多人误认为金融是虚拟经济；又比如全世界没有一本教科书、一个学校教授系统的金融知识和金融体系。此

外，由于尚未掌握金融的客观规律以及华尔街的利益驱使，金融已被搞得乱七八糟，东一榔头，西一锤子，杂乱无章，几乎面目全非。

我们知道任何事物都有它的规律和特点，比如，一棵树，没有树根，就不会有树干；没有树干，就不会有树冠；没有树冠，就不会有枝叶。它们是密不可分、相互依存、环环相扣、相互影响、牵一发而动全身的系统全维统一体。同样，金融也是如此，因此，我将按照金融发展的先后顺序、客观规律和特点等系统划分、解析金融概念、体系和现实。我们先从金融的根部和核心说起，看看金融的根基和主干；然后从根部和核心向外、向上拓展，一环一环地到树枝和树梢，也就是证券、保险、期货、期权、对冲基金等领域。

3.金融树演绎金融的特点特征

任何事物都有它的特点特征。那么金融的特点特征是什么呢？金融的特点特征诸多，这里略谈一二。

首先，我们知道，脉络是生物体的生命线。人体脉络中流动的是血液；树体脉络中流动的是树液；经济脉络中流动的是金融，即价值或资金的流动，因此，人们常说金融是经济的"血脉"。由此可见，整个经济脉络中流动的是价值，如果价值的流动是正向的，即越来越多，说明经济体的生命力向好；如果是反向的，说明经济体的生命力在萎缩。

其次，金融、经济、资产、资产负债平衡表的流动性和风险同树一样，越往上流动性越强，同时风险越大。大风一来，树梢首当其冲。同样，风险一来，财务报表最上面的资产——股票、期货、期权等首先遭殃。

最后，既然脉络是所有生物体的生命线，因此，保护生命线至关重要，而研究、学习、把握脉络是保护生命线的前提。因为你不了解脉络，你就无法保护。脉络非常难以把握，因为脉络错综复杂，很多人看不到。大脉络起大作用，也会导致致命的大问题；小脉络出问题，得不到及时救治，也会转为大问题。此次全球金融危机，就是全球尤其是美国的整个经济脉络出了问题所致。

第三节：金融树主干——银行体系

核心提示：

金融是经济社会发展到一定程度的产物，经济越发达，它的脉络——金融也越发达。如今，我们已经从农业经济、工业经济进入到金融经济。在整个经济体系（脉络）中，银行是金融树的主干。主干的作用是不言而喻的。

1.什么是银行

银行是以存款、贷款、汇兑、储蓄等业务为主，承担信用中介的金融机构。

银行应该是最早的正规金融机构。人类生产力的逐步提高产生了越来越多的剩余价值，人们需要把这些剩余价值存放在安全可靠的地方，需要借钱的人也需要从安全可靠的地方借到钱。因此，银行就应运而生。

由于不同地区对银行的界定不同，所以针对谁是世界上第一家银行，众说纷纭。一般认为最早的银行是意大利 1580 年在威尼斯成立的银行。据说我国在宋朝时期出现了具有高利贷性质及无利息存款业务的钱庄与票号。我国第一家具有近代特征的银行是 1897 年清朝光绪二十三年上海成立的中国通商银行。

"银行"一词的英文"bank"，是"河岸"、"大堤"、"堆积"和"仓库"的意思，象征着安全、稳定、充实。"血库"的英文是"Blood Bank"。如果银行做不到安全、稳定、充实，就可能会破产。显而易见，这次美英的很多银行没有做到，等待它们的只有破产。有意思的是，英文的银行和破产竟是一个对立的统一体—bankruptcy，一个非常完美的结合，充分体现了地球的对立统一性。

2.现代银行有几种

世界是由国家来划分。一般而言，每个国家都有自己的中央银行和商业银行。很多国家还有各自的政策性银行，如我国的国家开发银行、中国农业发展银行，及进出口银行。除此之外，很多国家还有一些特性化的小银行或类似银行，如我国的农村信用社和其他国家的小额贷款机构。

此外，在欧美尤其是美国，截止到2008年10月前，还有一些独立的投资银行，如摩根士丹利、高盛集团、贝尔斯登、雷曼兄弟、美林集团等。投资银行是在金融树的树梢上，而美国这棵金融大树，越往上越泛滥，也就是说它们处在金融风暴的风口浪尖上，自然它们要首当其冲。经过这场风暴的洗礼，现在，这5家美国最大的独立投资银行全部不复存在，不是在风暴中死亡，就是"叶落归根"。

上述结果和现象标志着投行与商业银行分离的结束，标志着华尔街投资银行时代的结束：一个充满传奇色彩，在股市、债市、期货、期权、外汇、私募、公募、兼并、收购等一系列领域和活动中呼风唤雨、兴风作浪的时代的结束。以前就没有，现在又没有了，还原归本。

直至2008年年初，多年的金融混业经营导致越来越多的金融集团的出现。金融集团就是集很多不同金融业务为一体的大型跨国金融机构，它们涉足商业银行、投资银行、保险市场、证券市场、衍生金融、地产、私募、商品期货等的各个方面。典型的公司有花旗集团、大通集团、汇丰集团等。经过这次超强金融风暴的洗礼，如果它们没被击垮，它们不得不重新审视自己。

3.什么是中央银行

中央银行，简称央行，是一个由国家或区域政府（如欧盟）组建的最高的货币金融管理机构，在各国金融体系中居主导地位。负责控制国家或区域的货币供给、信贷条件，监管金融体系，特别是商业银行和其他储蓄机构。保障金融安全与稳定、提供金融服务。

除个别地区如中国香港外，中央银行是唯一可以发行货币的银行。它还可以通过调整利率、提高或降低储备金等方法来控制货币的供给和流通量。中央银行是"银行的银行"，它集中保管银行的准备金，并对它们发放贷款，充当"提高或降低储备金"。

为抵抗这次金融危机的冲击，包括中国人民银行在内的许多国家的中央银行，尤其是美国的联储局频频出手，通过提供优惠贷款、降息减税等多种办法，向金融市场提供资金，增加市场的流动性。在第一节，"什么是金融"中，我已讲过，金融就是价值的流动。离开了流动性，金融市场就无法运转；金融市场无法运转，整个经济就会停止。

中央银行是"国家的银行"，它是国家货币政策的制定者和执行者，也是政府干预经济的工具；代理国库，代理发行政府债券，为政府筹集资金；代表政府参加国际金融组织和各种国际金融活动。

一般而言，中央银行所从事的业务与其他金融机构所从事的业务的根本区别在于，中央银行所从事的业务不是为了营利，而是为实现国家宏观经济目标服务，这是由中央银行所处的地位和性质决定的。然而，由于美英的央行早已空亏，不得不以国家的名义向老百姓和未来斥资拯救华尔街和金融城，所以政府承诺要赢利，还利于老百姓。他们能做到吗？我们将拭目以待。

4.什么是政策性银行

政策性银行主要指由政府创立或担保、以贯彻国家产业政策和区域发展政策为目的、具有特殊的融资原则、不以营利为目标的金融机构。许多国家，包括美国、加拿大等都设有政策性银行，尤其是出口型政策性银行。中国政策性银行的金融业务受中国人民银行的指导和监督。

在经济发展过程中，常常存在一些商业银行从营利角度考虑不愿意融资的领域，或者其资金实力难以达到的领域。这些领域通常包括那些对国民经济发展、社会稳定具有重要意义，投资规模大、周期长、经济效益见效慢、资金回收时间长的项目，如农业开发项目、重要基础设施建设项目等。为了扶持这些项目，政府往往实行各种鼓励措施，各国通常采用的办法是设立政策性银行，专门对这些项目融资。这样做，不仅是从财务角度考虑，而且有利于集中资金，支持重大项目的建设。

政策性银行与商业银行和其他非银行金融机构相比，有共性的一面，如要对贷款进行严格审查，贷款要还本付息，周转使用等。但作为政策性金融机构，也有其特征：一是政策性银行的资金多由政府财政拨付；二是政策性银行经营时主要考虑国家的整体利益、社会效益，不以营利为目标，但政策性银行的资金并不是财政资金，政策性银行也必须考虑盈亏，坚持银行管理的基本原则，力争保本微利；三是政策性银行有其特定的资金来源，主要依靠发行金融债券或向中央银行举债，一般不面向公众吸收存款；四是政策性银行有特定的业务领域，不与商业银行竞争。

1994年，中国组建了三家政策性银行，即国家开发银行、中国进出口银行、中国农业发展银行，均直属国务院领导。

5.什么是商业银行

商业银行不同于中央银行和政策性银行，是以营利为目的，而且与老百姓生活和国民经济的运转密切相关。基础业务包括吸收公众存款；发放短、中、长期贷款；办理国内外结算、汇款、汇兑；从事银行卡业务；提供保管箱服务。传统的主要营利模式为利差收入，即以较低的利率借入存款，以较高的利率放出贷款。近年，我国的商业银行还开办了新业务，如代理业务、信托业务、理财业务、租赁业务、担保业务、银行卡业务等。这些新业务为银行客户提供了新的服务，也为商业银行开辟了新的财源。

我国的商业银行包括四大国有商业银行，中行、工行、建行、农行、全国性股份制商业银行、城市商业银行、农村商业银行、邮储银行、外资银行等。

过去的 20 多年，国际资本市场迅猛发展，传统的商业银行日趋边缘化，西方的很多商业银行，尤其是大型商业银行，都是包括银行、证券、保险等混业经营的综合体。受到金融风暴重创，许多银行又开始叶落归根，还原归本。受此影响，我国的大型商业银行一直在步人家的后尘。经过这次金融"海啸"的洗礼，不知他们的头脑是否能变得更清醒。

6.什么是投资银行

投资银行 （Investment Bank），简称"投行"，是近二三十年国际金融领域发展最快的现象和金融机构。它们数量不多，但可以在全球"呼风唤雨"，美国几任的财长都来自华尔街的投行，这次华尔街几乎毁于投行之手。这让人们想起"最可怕的敌人不是别人，而是自己"的深刻含义。

人们用"日新月异"来形容投行的发展速度之快、领域之广，我一直认为它们是"肆无忌惮，寻求自我毁灭"。它们的发展速度是如此之快、领域如此之广，以至很难界定它们的业务范围和性质。有专家认为投资银行是主要经营证券业务的金融机构，按照严格的定义，并不属于银行的范畴，因此这个称谓具有较强的误导性。但是很多投行都参股甚至拥有商业银行，如"叶落归根"之前的摩根士丹利。此外，投资银行的具体内涵及其界定，根据国家和时代的不同，差别很大。而且，由于投行曾在国际金融市场上扮演"天马行空，独往独来"的角色，我将在下节细说投行。

第四节：投资银行主次颠倒，叶落归根

核心提示：

此次金融风暴来临前，美国的投资银行已处于全球金融的主导地位和力量，它们天马行空，独往独来，呼风唤雨。遗憾的是，它们没有意识到它们所做的事完全是本末倒置。此时早已是"山雨欲来风满楼"。美国的五大投行，贝尔斯登、雷曼兄弟、高盛、摩根士丹利、美林是这场风暴的核心，风暴远未结束，它们早已落叶归根。

1.如何界定投资银行

传统意义的投资银行是专门帮助公司或政府发行新证券以达到集资目的的公司。它们不像其他银行可存款或贷款，它们也不总用自己的钱去发行证券。它们的主要作用是从公司或政府购买新发行的股票和债券，然后再设法把它们卖给广大的投资民众。起初，投资银行主要是在一级市场操作，近年来，它们不但涉足二级市场，而且大部分收入来自于二级市场。新股一旦在一级市场卖出，接下来的交易就是在二级市场进行。此外，它们还参与非主流金融体系中的几乎所有活动。贝尔斯登、雷曼兄弟之所以在这场风暴中率先倒下，就是因为它们过多地涉足衍生金融产品和地产抵押债券。

投资银行是在美国和欧洲大陆的称谓，英国称之为"商人银行"，在中国、日本等亚洲国家称为"证券公司"。

国际上对投资银行的定义并没有一个严格的界定，一般认为有下面四种形式：

第一种：任何经营华尔街金融业务的金融机构都可以称为投资银行；

第二种：只经营一部分或全部资本市场业务的金融机构才是投资银行；

第三种：把从事证券承销和企业并购的金融机构称为投资银行；

第四种：仅把在一级市场上承销证券和二级市场交易证券的金融机构称为投资银行。

投资银行是与商业银行相对应的一个概念，是现代金融业适应现代经济发展形成的一个新兴行业。它区别于其他相关行业的显著特点是，其一，它属于金融服务业，这是区别一般性咨询、中介服务业的标志；其二，它主要服务于资本市场，这是区别商业银行的标志；其三，它是智力密集型行业，这是区别其他专业性金融服务机构的标志。

2.投资银行是如何发展起来的

在美国，投资银行往往有两个来源：一是由商业银行分解而来，典型的例子如摩根士丹利；二是由证券经纪人发展而来，典型的例子如美林证券。美国投资银行与商业银行的分离发生在 1929 年的大股灾之后，当时联邦政府认为投资银行业务有较高的风险，禁止商业银行利用储户的资金参加投资业务，结果一大批综合性银行被迫分解为商业银行和投资银行。其中最典型的例子就是，摩根银行分解为从事投资银行业务的摩根士丹利以及从事商业银行业务的摩根大通。但是在欧洲，各国政府一直没有颁布这样的限制，投资银行业务一般都是由商业银行来完成的，所以形成了许多所谓的"全能银行"（Universal Bank）或商人银行（Merchant Bank），如德意志银行、荷兰银行、瑞士银行、瑞士信贷银行等。事实证明，商业银行和投资银行为一体的金融机构比独立的投资银行具有更强的风险承受力。

投资银行业务的利润是很高的。以最常见的股票发行业务为例，投资银行一般要抽取 5%~10% 的佣金，也就是说，如果客户发行价值 100 亿美元的股票，投资银行就要吃掉 5 亿~10 亿美元。债券发行业务的利润相对较少，但风险也较小。除此之外，兼并重组与破产清算是投资银行近年来的主要利润增长点，近年来欧美发生的大型兼并案，背后往往都有投资银行的推波助澜。

20世纪90年代以后，世界投资银行的格局逐渐发生了变化。一方面，兼并风潮席卷美国金融界，出现了花旗集团、摩根大通（即JP摩根）、美国银行等大型金融集团，它们都希望进入利润丰厚的投资银行领域；另一方面，华尔街的投资银行与证券分析业务离得太近，许多投资者和媒体认为，投资银行雇用的分析师难以保证独立性，从而对投资银行的商业道德产生了怀疑。但是，如果投资银行和证券分析业务真的完全分离，投资银行业务将成为无源之水，证券分析业务则将丧失丰厚的利润提成，两者都难以生存。相比之下，商业银行经营投资银行业务有先天优势，它可以利用与各大企业的存款、贷款关系网争取到许多客户，不用像传统的投资银行那样依靠证券分析和咨询吸引客户。商业银行拥有更充足的资金和更良好的信誉，它们主要缺乏的是投资银行领域的业务经验。

3.投资银行的主要作用是什么

在一级市场发行证券，投资银行一般要向客户提供下述四项基本服务：

（1）顾问。投资银行要充当顾问的角色。当公司需要集资，投资银行就集资数额和集资途径提供顾问意见。准确地说投资银行要帮助发行者确定将要发行的证券的基本特点、价格和发行时间。除此以外投资银行还帮客户分析有关合并、兼并及企业重组事宜。

（2）管理。一旦决定发行证券，投资银行将帮助客户完成证监会所需的书面材料，以满足法律要求。申报材料的大部分内容都在招股书（也叫计划说明书）中可以找到。招股书必须发给每一个要买新证券的人。招股书包括发行者的财务状况、管理水平、商业活动、资金的使用以及证券的基本情况。很多投资者看不懂说明书，因为它们都是由律师、会计师为满足其他律师、会计师的要求而写，所以，投资者有时需要求助专业人员的帮助，以求全面了解说明书的内容。

（3）风险承担。投资银行一般同意在某一特定价格，全部收购公司发行的新证券，然后，他们再把证券分成很小的单位卖给个人或机构投资者。这个程序叫承保或承销。承销的过程可能会有风险，因为存在着投资银行从发行者买进到向投资者卖出的时间差。在这个时间差里市场条件可能变坏，迫使投资银行亏损卖出。

假如发行量很大，一家投资银行单独承担不了，它可以联合其他投资银行一起做。这种合作方式叫"辛迪加"，也就是银行集团的意思。辛迪加的好处是把上述的发行风险分散，集团里的每一家银行都有份。

（4）证券销售。投资银行把证券从发行者那里收购后，就开始推销工作。辛迪加根据事先定好的价格把证券分摊给各成员去销售。投资银行的收入不来自于从证券发行者买来与卖给其他投资者的差价。普通股的销售成本比债券要高。因为债券主要卖给几家大的机构投资商，而普通股票通常是卖给众多的个人投资者。

投资银行的作用不仅限于一级市场，它们在二级市场也发挥着重要作用。作为证券交易商，它们买卖他们所熟悉的证券，它们还参与券商之间的大额交易。多数的投资银行还同时扮演经纪人/交易商的双重角色，它既做批发也做零售和咨询工作，提供越来越多的相关理财服务。

此外，它们大量从事另类金融投资，如商品期货、金融期货、期权、风险投资、私募基金、对冲基金、地产投融资。它们是全球重大兼并收购案的推波助澜者。

4.投资银行有几种类型

当前世界的投资银行主要有四种类型：

（1）独立的专业性投资银行。这种形式的投资银行在全世界范围内广为存在，美国的高盛公司、美林公司、贝尔斯登、雷曼兄弟公司、摩根士丹利公司等，日本的野村证券、大和证券、日兴证券、山一证券，英国的华宝公司、宝源公司等均属此种类型，并且，它们都有各自擅长的专业方向。经过这场金融风暴的冲击，上述的美国五大独立投行都已不复存在。

（2）商业银行拥有的投资银行（商人银行）。这种形式的投资银行主要是商业银行对现存的投资银行通过兼并、收购、参股或建立自己的附属公司形式从事商人银行及投资银行业务。这种形式的投资银行在英、德等国非常典型。近期美林公司被美洲银行收购成为美国的典型。

（3）全能性银行直接经营投资银行业务。这种类型的投资银行主要在欧洲大陆，他们在从事投资银行业务的同时也从事一般的商业银行业务。

（4）一些大型跨国公司兴办的金融公司，如通用电气金融公司、通用汽车金融公司等。

第五节：金融树冠——证券家族分析

核心提示：

万物皆有规律。那么什么又是规律呢？规律就是事物发展的来龙去脉。那么金融的规律又是什么呢？金融的重要规律之一就是，如同树冠是树根和树干的延伸，金融资产（产品）、金融市场是实物资产和实物市场的延伸，或者说金融产品、金融市场是实物产品和实物市场衍生而来。它们的关系、特点及作用犹如人类的族谱，而人类的族谱就是家族树（Family Tree）。

1.什么是证券

什么是证券？证券的定义是什么？这是一个主要取决于所谓"证券"的内容和环境，而又不易回答的法律问题。美国 6 项联邦基本证券法的其中 4 项是这样解释的，即任何票据、债券、负债凭证、抵押信誉证、投资合约等。证券往往受到很多不同层次的法律约束。

我国理论界对证券的定义是：能够证明民事、经济权利的法律凭证。从广义上讲，证券的范围十分广泛。按权利内容划分，它包括资本证券、货币证券和商品证券三类。资本证券是证明持有人资本所有权与收益权的证券，如证明股权的股票、证明债权的债券；货币证券是证明持有人享有一定数额货币请求权的证券，如支票、汇票、本票、存单等；商品证券是证明持有人享有一定数量商品请求权的证券；如提货单、货运单等。狭义上的证券则仅指在市场上公开流通的证券，通常包括股票、债券和票据等。

中文"证券"一词来自英文的 securities。securities 是由 security（意思是安全、可靠、保证、保证金等）派生而来。金融市场上流通的证券指的是金融证券，或叫金融产品和工具（Financial Products/Instruments）。金，顾名思义，指的是黄金，金钱（因早期世界主要货币与黄金的密切联系）；融，指的是融汇、融资和流通，所以金融的整个意思就是货币或资本的流通。"证券"二字的含义也可照此类推。证，指的是证明，凭证；券，指的是票据或作为凭证的纸片。那么"金融证券"的整个意思，就是所有表示拥有债权或所有权等权利的，被社会和公众普遍认可的，以及在金融市场上流通并通常可通过买卖转换所属权的证明或凭证，即金融证券的总称。

2.证券是如何产生的

主流的金融体系是由银行、证券、保险三大体系组成，其中银行是主干，提供稳健的资金来源。但是银行是储蓄机构，并非投资机构，因此，在此基础上，为满足经济发展及投资者需求，各种各样的投资产品应运而生。首先是基础证券，然后是衍生证券，还有大量的另类金融产品如对冲基金、COD 等。

在金融混业经营理念的引导下，以证券公司、投资银行为主体的证券市场在过去的几十年取得了突飞猛进的发展，在美国它们几乎同化，取代了传统的商业银行，成为金融市场的主干。但主干就是主干，分枝就是分枝，这岂能由人的意志而改变？经过这场金融灾难，还没死掉的证券公司、投资银行又恢复到分枝的地位。

3.什么是基础证券

基础证券指的是直接从实物资产演变而来的金融资产。比如某企业上市前拥有 8 千万的净资产，公司决定通过资产证券化实现上市。若按照每股 1 元钱（即原始股价）计算，公司的 8000 万的净资产就变为股票市场上的 8000 万股票。通常情况下，出于多方考虑，公司不会把所有的股票，即总股本（8000 万股票），都拿去上市。投资者购买股票是因为看好公司的未来发展，因此会用高于原始股价若干倍的价格购买。越被看好的公司，股票价格越高。因此，上述的8000万股在股票市场上就有可能值8亿元，甚至更多。这样公司通过实物资产证券化创造了公司的证券产品——股票，同时将公司的8000万实物资产变为价值8亿的金融资产，为公司筹集了大量资金。

基础证券包括资本市场中的各种股票、政府或公司发行的各种债券、股票的优先权证、认股权证等，及货币市场中的各种金融产品如商业汇票、短期国债等。

4.什么是衍生证券

衍生证券（Derivative Securities）也称"衍生工具"，简单地说，就是证券的证券，也就是基础证券进一步证券化就成衍生证券或高级证券。比如上述的8000万股票可以进一步证券化为股票期货、股票期权等。由此可见，衍生证券价格的变化与它的"前身"——基础证券密切相关。

衍生证券主要包括各种各样的期货产品、期权产品、远期产品等。

衍生证券的价格变化很大程度上取决于基础证券，基础证券的价格变化很大程度上取决于实际资产及其环境。然而，华尔街为了获得超额利润，往往脱离实际，甚至是本末倒置。早在2007年我就多次撰文指出，根据国际清算银行的最新统计，全球衍生金融交易合约，从2002年的100多万亿美元上升到2007年的516万亿美元。仅这一现象就让我颇感不安，因为当时所有国家的产值加在一起仅50万亿美元，而全球仅衍生金融交易额竟是它的10倍还多，美国这棵金融大树早已头重脚轻、不堪重负，不倒都不可能。

5.什么是证券市场

证券市场指的是所有证券的市场，但严格地说证券市场指的是标准化、市场化的证券的市场。相对而言，有些证券个性化较强，市场化较弱，不易标准化，有行无市，最终退出市场。因为证券的种类、属性非常多，所以没有，而且在可预见的未来也不可能有一个包括所有证券的市场，因此，证券市场都是分门别类划分的。

6.证券市场有几种

证券市场的种类非常多，很多时候，同一种产品就有不同的市场，如黄金现货市场、黄金期货市场、黄金期货期权市场等。从证券的属性上可以划分为：货币市场、现货市场、资本市场、商品期货市场、衍生证券市场和共同基金市场等。

货币市场包括各种各样的货币型证券产品如各种政府、企业短期债券、银行汇票等；资本市场包括产权市场、债券市场；衍生证券市场包括期货市场、期权市场、远期市场；共同基金包括各种各样的共同基金。美国共同基金的数量跟它的股票数量不分上下。

7.对世界经济有重要影响的证券市场有哪些

首先，作为经济的晴雨表，各发达国家及发展中大国的股票市场对本国乃至全球的经济都有较大的影响；其次，作为未来主要能源价格走势的重要判断和参考依据，石油期货市场对未来的经济也会带来较大影响；最后，作为未来美元主导的全球金融体系的稳定衡量标准，黄金期货市场同样在世界经济中扮演重要角色。上述的石油和黄金期货交易所世界很多国家都有，然而，美国和英国的处于领导地位。

正本清源

下文是笔者 20 世纪 90 年代中期发表并向国务院提出的建议，后来英文的名字改过来了，中文未改，为此，有必要继续正本清源，为中国金融市场的健康发展奠定基础尽一份力。

同 国 际 惯 例 接 轨

——《关于将上海证券交易所（Shanghai Securities Exchange）和深圳证券交易所（Shenzhen Securities Exchange）改名为上海股票交易所（Shanghai StockExchange）和深圳股票交易所（Shenzhen Stock Exchange）的建议》

股票交易所是股票、政府债券、公司债券、优先权证、认股权证等基础证券上市进行交易的场所。上海证券交易所和深圳证券交易所均是以股票交易为主的交易所，称之为"证券交易所"既不准确也不合适，但更主要的是国际上根本没有这种叫法。从名称上也看不出它们是哪一种证券的交易所，或以哪种证券为主的交易所。即使今后沪、深二所增加了新的金融产品，如股票指数、期权、期货等，也没有关系，世界主要的股票交易所，除股票外，都同时经营一些其他的金融产品。如美国的主要股票交易所，除了进行股票交易外，还兼营政府和公司债券、基金、股票的优先权证、认股权证和期权合约等。美国的费城股票交易所除进行股票、股指期货、期权等交易外，还是世界上最大的外汇期权交易所。又如多伦多股票交易所，除股票外，还进行期货和多种衍生品交易。假如今后沪、深二所的某种证券发展过大过快，可以单独成立一个分支机构，就像1979年成立的纽约期货交易所原为纽约股票交易所的一部分，或像1973年由芝加哥期货交易所建立的芝加哥期权交易所那样。

众所周知，纽约股市是目前美国乃至全世界最大的股票交易所。但若说它是最大的证券交易所，那就不对了，因为最大的证券交易所是芝加哥期货交易所。

全世界有新老股票交易所近百家，唯独在中国大陆和泰国，或许还有极个别的小国家，被称为"证券交易所"，其余的皆为股票交易所。比如纽约股票交易所（NEW YORK STOCK EXCHANGE）、东京股票交易所（TOKYO STOCK EXCHANGE）、伦敦股票交易所（LON-DON STOCK EXCHANGE）、多伦多股票交易所（TORONTO STOCK EXCHANGE）、新加坡股票交易所（STOCK EXCHANGE OF SINGA-PORE，LTD。）、马尼拉股票交易所（MANILA STOCK EX-CHANGE）、香港股票交易所（THE STOCK EXCHANGE OF HONG KONG，LTD。）、台湾股票交易所（TAIWAN STOCK EXCHANGE CORPORATION）、伊斯坦布尔股票交易所（ISTANBUL STOCK EX-CHANGE）、苏黎士股票交易所（ZURICH STOCK EXCHANGE）、特拉维夫股票交易所（THE TELAVIV STOCK EXCHANGE）等。

证券指的是所有有价证券的总称，即使狭义上的证券也包括很多种不同的金融证券，所以世界上没有一家名副其实的证券交易所，这样的交易所是完全不可能存在的，为此，国际上从未、而且以后也不会把沪、深二所称为证券交易所，而称为股票交易所，因为世界上根本就没有这样一个交易所。比如《亚洲华尔街报》1995年5月18日报道关于中国暂停国债期货的消息时，曾这样称上交所：具有中国最大的国债期货市场的上海股票交易所（the Shanghai Stock Ex-change，China's largest treasury-bond futures market）。就连国内出版的英文《中国日报》也常常这样称谓。显然这种称法才是正确的。

综上所述，上海证券交易所和深圳证券交易所的名称不但名不符实，而且与国际惯例不符。它已在国内外造成不少误解和不良影响，国内几乎所有媒体和教科书都把股票市场称为证券市场，这是一个天大的误解。不少从业人员也常常问，为什么股市在国外叫股票交易所，而在国内却叫证券交易所，二者有何区别？

证券业是我国的一个新兴行业，发展速度很快，绝大多数人对它还很陌生。如果一开始不把一些最基本的名词、名称、定义、概念和内涵搞清楚，违背国际惯例，不仅很容易在国内外造成对证券和沪、深二所的名称及其内涵的混淆概念，而且会误导很多人，影响我国证券业的健康发展，其后果是不堪想象的。

1992年至1993年，很多人在对期货的名词、定义、概念、内涵和期货到底是货不是货等问题都没搞清楚的情况下，就盲目发展期货市场。有的还办起了西瓜、中药材期货市场，结果很快就把我国期货市场的发展带进了误区，给国家造成了巨大损失和浪费，给我国刚刚起步的期货市场发展蒙上一层阴影。

既然不能以证券命名某一家交易所，也就没有证券指数一说了。不同证券的指数种类很多，如股票指数、期货指数、美元指数、国债指数、国际股票指数等，但没有任何一种指数可以称为证券指数。因为各种指数只是某一种证券的指数，而不是所有证券的指数，世界上也没有这样一种指数。显然"上海证券指数"（上证指数）的说法也是不准确的。其实，上证指数指的是上海交易所的股票价格综合指数，那么就该称之为"上海股票指数"（简称上海股指）。假如以后上交所出现了国债指数、期货指数或者其他什么指数，难道也要把它们称之为上证指数吗？同样不管中国国内怎么叫，国际上始终称之为上海股指。

顺便说一下，虽然交易所冠之证券不合适，但以证券命名经纪公司却可以，而且很多。这是因为众多经纪公司代理许多不同交易所的各种不同证券买卖，如股票、期货、期权、外汇、国债、基金等。

如果将上海证券交易所（Shanghai Securities Exchange）和深圳证券交易所（Shenzhen Securities Exchange）改名为上海股票交易所（Shanghai Stock Exchange）和深圳股票交易所（Shenzhen Stock Exchange），那么沪、深二所不仅名副其实，符合国际惯例，而且它们的国内、国际、中文、英文名称也一致了，即上海股票交易所（Shanghai Stock Exchange）、上海股票市场（Shanghai Stock Market）、上海股票指数（Shanghai Stock Index）。深交所的相应名称可以以此类推。这样将消除国内外人士对证券和沪、深二所的名称及其内涵的误解。它不仅有利于沪、深二所向专业化方向发展，逐渐同国际市场接轨，而且对整个中国证券业的规范发展将起一定的促进作用。

中国是个大国，可以有几个甚至更多一些的不同种类的交易所同时存在，共同发展。但每一个交易所都要有自己的特色。没有特色，就不会有交叉式的良性竞争；没有竞争，就不会有发展。这些特色，首先，应反映在交易所的名称上。比如一看到芝加哥期货交易所，就知道它是做期货的；一看到芝加哥期权交易所，就知道它是做期权的；一看到伦敦金属交易所，就知道它是做金属的。其次，还要反映在交易所的内容上。比如加拿大的多伦多股票交易所是一家以质量著称的交易所，而温哥华股票交易所是一家以风险资本闻名的交易所，彼此交叉竞争，功能互补，共同促进资本市场的发展。

为了适应主观的发展需要和客观的变化，更准确地表达其概念和内涵，更有利于向专业化发展和便于管理，国际上证券交易所更名屡见不鲜。美国近一半的交易所（其中包括股票，商品/金融期权，期货交易所）曾一度改名。比如纽约股票交易所最早叫纽约股票与交易局（New York Stock & Exchange Board），1863年改为纽约股票交易所（New York Stock Exchange）；又如著名的芝加哥商业（期货）交易所（Chicago Mercantile Exchange）在1874年成立时名为芝加哥农产品交易所（Chicago Produce Exchange），这个名字在当时是最合适不过的，因为农产品（各种谷物）是当时交易所的主要经营品种。后来由于增加了鸡蛋、奶油、奶酪、土豆等品种以及交易商对当时市场价格不满等原因，交易商于1899年又分设了芝加哥奶油、鸡蛋商会（Chicago Butter and Egg Board）。现名芝加哥商业（期货）交易所是在1919年才开始启用的。至此，交易所经营的品种增加了许多，交易所也发生了很大变化。

第六节：金融市场与资本市场的轮廓和脉络

核心提示：

几年前，我应邀准备在国内的一次国际金融大会发言，题目为"中国金融市场的未来发展"。会前，组委会建议我将题目中的"金融"改为"资本"，理由是"金融"太小了。听到这个建议，我真是啼笑皆非。显而易见，太多的专业人士和学生搞不明白金融是什么，更不用说金融的"七大姑八大姨"了。

1.金融市场与证券市场的区别

金融市场指的是所有金融资产或产品的市场；证券市场指的是证券化、标准化的金融产品市场。金融市场包括所有证券市场、保险市场，同时还包括许多非证券化、标准化的金融资产或产品市场，比如对冲基金市场、私募基金、各种未上市的信托产品市场、风险投资市场等。

2.货币市场与资本市场的区别

货币市场与资本市场都是资金的市场。二者的区别在于资金的长短上。货币市场是短期资金市场，资本市场是长期资金市场。也就是说货币市场中的产品或证券都是在一年内到期的，如短期国债、银行汇票等；资本市场的产品或证券都是永久的或长期的，如股票、20年期公司债券等。

此外，二者的风险系数不同。时间越短，兑现性越强的有价证券风险越小，反之越大。二者的用途也不同，前者解决流动资金、短期资金问题，后者解决资本结构、长期资金问题。

3.金融市场与资本市场的区别

很多人包括专业人士都搞不清楚金融市场与资本市场的区别。在第一章中我已讲过，金融市场就是所有金融产品交易的市场，金融市场或金融体系是该领域的最大范畴。相比之下，资本市场只是金融市场的一个部分，具体地说，只是长期资金市场。尽管如此，资本市场仍在整个金融市场中发挥关键作用。在此次危机中，资本结构不合理是投资银行先行倒下的重要原因之一。

4.什么是一级市场

一级市场指的是新的金融资产市场，也就是说实物资产通过一级市场证券化变为金融资产。换句话说，公司通过发行新证券集资是一级市场交易。证券销售筹集的资金成为公司新的资本。比如，某公司现有资产 8000 万，通过资产证券化，对外发行股票 4000 万，筹集资金 6 亿元。新证券的发行一般由投资银行承销或包销，投资银行从发行公司大批买入，然后再以很小的单位卖给个人或机构投资者。

5.什么是二级市场

新证券在一级市场卖出后，接下来的交易（买卖）就是在二级市场进行。二级市场至关重要，因为它为在一级市场买入的投资者提供了卖出的机会。一级市场主要是发行者和承销商的交易；二级市场主要是投资者之间、无论是个人还是机构投资者之间的交易。

6.什么是三级市场

三级市场主要指美国的柜台交易，即非交易所成员经纪人、交易商及机构投资者通过柜台交易节省佣金和交易成本。交易所的成员每年要交较高的席位费。

7.什么是四级市场

四级市场指的是机构投资者之间交易场外进行的大宗交易。这些大宗交易主要是由计算机完成的。既可以节省佣金费用，又可以节约时间，还不占用交易所的"跑道"以免制造"交通堵塞"。

根本不存在所谓的资本运作

核心提示：我曾多次发表文章指出，根本不存在所谓的资本运作。然而，"野火烧不尽，春风吹又生"，资本运营高手们一个接一个倒下，不知这种怪象还要持续多久。

多年来，"资本运作"又称"资本运营"，不仅是中国最时髦的名词，而且被炒作得热火朝天。企业家，尤其是知名企业家和主管经济的地方政府官员，张口闭口资本运作。很多公司改以资本运营为主或成立专门的资本运营部；很多高等院校的商学院不仅以传授资本运营为荣，而且力推各种各样的资本运作培训班，什么房地产资本运作总裁班、媒体资本运作高级研修班、资本运作创新与发展高层研修班等比比皆是。有关资本运营高手的报道，屡见报端。从以前的"中国首富"牟其中、"点子大王"何阳、中国最大民营企业德隆集团的资本运作，到最近，2004 年 8 月 19 日，中国最有影响的媒体之一的一篇题为"巧用资本运作杠杆，中国航油构建海外石油产业链"的报道等，都把资本运作吹得神乎其神、无所不能，如中航油资本运作成功，800 倍资产增幅。但这些所谓资本运营的佼佼者，无一逃脱自己设计的灭顶之灾。有关资本运作、资本运营的书籍更是举不胜举，难怪你在网络搜索中点击"资本运作"、"资本运营"，你可以得到二三十万个结果。

我曾在 1999 年 4 月撰文《拨乱反正，正本清源——我对"资本运营"提法的批判》，从财务管理的角度，证明根本不存在资本运作，结果，"资本运营"犹如"野火烧不尽，春风吹又生"。今天，我要从客观现实的角度，再次证明根本不存在资本运作，以免更多的人，尤其是高校学生和企业家上当、受害。下次，我要从"资本"的角度，证明根本不存在资本运作。

我在网上看到一篇署名为中国社科院经济研究所研究员仲继银的文章，题目为《资本运作不是筐》。文章里提到："资本运作热火朝天很多年了，但是到底什么是资本运作，恐怕没有人能够真正说得清楚。云里雾里地似乎做好主业之外的事情都是资本运作。一本有关资本运作的专著里罗列了100多种资本运作的内容，整个是一个什么都能往里装的筐了。我找不到一个英文中能够跟资本运作准确对立的词汇。"

的确，英文里不但没有与之对应的词，就是相似的词也没有，自然，与之对应或相似的课程和书也就不存在了（不信，你可以到欧美各商学院、网站或任何其他地方去查询）。一个在世界其他国家理论上和学术界根本不存在的东西，在现实中存在的可能性很小。事实上，国际上没有哪个公司、哪个部门，是从事或声称从事所谓"资本运营"业务的，如果有，也是个别极端不负责，连基本管理知识都不具备的国人强加或编造的莫须有的"罪名"，如巴菲特是资本运营大师，哈佛"资本运营"教材等。你如果让他拿出相关的英文原文或原著，他肯定拿不出来。人们熟悉的跨国公司、金融机构和著名人物如IBM、微软、松下、西门子、花旗银行、美林证券，巴菲特、索罗斯等，没有一个公司、没有一个部门、也没有一个人是从事资本运营的。

我不是说外国人没有的东西，中国人就不能发明创造，恰恰相反，我自己就发明创造了许多东西。但就所谓资本运作而言，它的内容没有任何新颖性，更谈不上任何发明创造。除许多胡编乱造、断章取义、不知所云外，余下的内容诸如企业融资、上市、兼并、收购、投资银行、资本市场、金融产品、资产证券化等都是一般企业管理、财务管理、金融市场、战略发展等理论或课程的正常内容，根本扯不上资本运营。

一个根本不存在的东西（无论是有形的，还是无形的），怎么能给人带来好处？它唯一并已给我们的社会带来的是太多的浮华、误导、混乱、危害、损失和灾难。

尽管大肆鼓吹资本运营的人大有人在，但迄今为止，我还没有在他们当中发现一个真正的行家里手。

然而，被商界和媒体誉为"资本运作高手"的宁高宁，却在重要的时刻发出了与众不同的声音。2001 年，宁高宁率领香港华润集团在中国内地展开了一系列的并购活动，从投资湖南鲤江电厂、控股东北制药、买下万佳百货、收购华远股权，到坐上中国啤酒业老大的位置。他因"并购大手笔"被中央电视台评为 2001 年中国经济的十大年度风云人物。2002 年 1 月 2 日，站在颁奖台上的宁高宁发表了如下演讲：

纠正"资本运营"

"我觉得中国的企业界在过去制造了很多很有害的词，'资本运营'这个词是其中之最。资本运营本身并没有给予我们造成一些真正最终成功的企业。你在所有的成功企业特别是西方的成功企业的词典中，找不到'资本运营'这个词，我觉得这个词本身，已经给成长中的中国企业带来了很多误导，应该有个纠正。"

宁高宁的上述观点是非常客观、专业和负责的。据说，宁高宁1987 年毕业于美国匹兹堡大学，获工商管理学硕士学位，主修财务。

后记：我写这篇文章的目的，决不是针对或批判某个人或某个企业。我是本着对自己、对国家、对教育、对知识、对职业、对社会、对人民、对经济发展高度负责的态度和精神，传播准确无误的金融证券及企业管理知识，以避免更多的误导和损失。

本文 2005 年 1 月 25 日发表在新浪网。

第七节：次干不堪重负，保险公司不保险

核心提示：

不要以为保险公司就保险。除名称和业务范围外，保险公司同其他企业没什么两样，同样面临各种风险。如果经营不当，同样会倒闭破产。

1.什么是保险公司

保险公司，顾名思义，就是为个人、公司、机构等提供保险的机构。上述客户通过向保险公司交付保费获取相应的保障。一旦发生意外，客户将获得赔偿。保险公司通过对保费投资管理，获得收益。保险公司通常提供商业保险、房屋保险、汽车保险、船只保险、健康保险等。寿险公司需要向身亡者的受益人提供身故保险赔偿。近年来各种各样的投资保险层出不穷。保险公司通过将个别风险转移到一个较大的团体，使风险分散，化大为小。

2.此次危机中，为什么保险公司也遭重创

是的，在这次金融风暴中许多保险公司也遭受到重创。如果美国政府不出手，全球最大的保险巨头，AIG 集团很有可能已经倒闭。前面我已说过，现代金融体系是由银行、证券、保险组成。银行提供资金和固定收益；券商提供投资和高风险、高回报；保险提供安全保障。这看似完美的组合其实并不完美，因为它们是同一棵大树上的三个分枝，如果整棵大树要倒，三者都难幸免于难。即使保险公司自身没有问题，银行、券商损失过大，保险公司仍无法承受。俗话说"不

怕一万就怕万一"，而保险公司就"不怕万一就怕一万"。如上所述，保险公司只能为"意外"，即个别风险，提供保障。一旦风险变为普遍时，保险公司也无处转移，并将变为新的更大的风险制造者。

既然美国这棵金融大树整体要倒，当然这棵树上的主干和所有分枝都难以幸免。这就是为什么在这次金融危机当中，所有金融机构都遭到了不同程度的损失。保险公司，尤其是像国际集团这样的大保险公司，为美国以及世界上很多金融机构、跨国公司提供多方面的保险，如果客户出现的亏损超出保险公司的能力，保险公司将倒闭，释放新一轮的风险。这也是为什么美国政府不得不救保险公司和两房（房地美、房利美）的原因。

第八节：金融危机诠释

核心提示：

万物皆有规律，比如刮风下雨、气候变化、生老病死等，当然，金融与危机也不例外，不然笔者也就无法在历次金融危机发生前向世人发出警告。人类尚未掌握金融规律，主要原因有二：一、相对农业经济、工业经济，金融经济是个崭新的领域，人类仍处在金融社会的"农耕"和"盲人摸象"时代；二、作为时空的产物，建立在农业社会、工业社会基础上的金融社会比前者复杂多变得多，因此，金融世界缤纷凌乱、错综复杂、瞬息万变。下面，笔者以全维的角度诠释金融危机。

1.什么是金融危机

金融危机指的是与金融相关的危机，也就是金融资产、金融市场或金融机构的危机，如股灾、金融机构倒闭等。上述的个案金融危机国内外时有发生。但根据不同的市场和国家，如果个案危机处理不及时、不好，很容易演变为系统性金融危机。这次美国引发的全球性金融危机就是一个再好不过的例子。次级房屋抵押贷款债券（简称"次贷"）只是美国这棵金融大树上的一个分枝，它的断裂没有得到及时处理，导致整棵大树几乎全面倒塌，整棵大树的倒塌又导致全球性的金融灾难。

2.什么是系统性金融危机

系统性金融危机是那些波及整个金融体系乃至整个经济体系的危机，比如 20 世纪 30 年代引发西方经济大萧条的美国金融危机，20 世纪 90 年代导致日本经济萎靡不振的日本金融危机，1997 年下半年袭击东南亚的亚洲金融危机等。这些危机都是从一种金融市场波及另外一种金融市场，如从股市到债市、外汇、房地产甚至整个经济体系。

此次系统性金融危机的导火索是美国的次贷，它像控制不住的野火一样，迅速燃遍美国乃至全球的所有金融市场，并给实体经济带来重创。

3.为什么会发生金融危机

尽管金融如同飞机、宇宙飞船一样，也是人类创造，属人类意识范畴，但仍然无法摆脱天地规律的制约。简单地说，金融危机之所以发生，就是因为人类尚未掌握金融的规律。

为阻止这次危机的爆发，笔者曾不懈努力并不厌其烦地向世人发出警告。如 2006 年 10 月及 2007 年 3 月 1 日，我分别在《商务周刊》"金融无国界"和新浪网等媒体发表的《金融无疆界 风险无极限》的文章中，用提示语写到："资本市场风起云涌并已踏入一个根本性和全球性变革的时代。人们在充分享受现代金融带来的前所未有的便捷、舒适、高效的美妙生活的同时，千万不能忘记，如果管理不当，现代金融就有可能变成洪水猛兽，以排山倒海之势将一个国家、一个地区乃至全球的经济彻底冲垮，而且是在瞬息之间。这就是金融的魅力、穿透力、杀伤力和速度。"

4.金融危机是否能避免

首先，所有的金融危机都不应该发生，都是人为的。

其次，即使发生了，也是可以避免的。金融树体系证明，同自然界的风暴一样，几乎所有金融"风暴"在发生前，不但是可以预测的，而且是可以预防和化解的。这次美国金融危机也不例外，如果即时发现和解决，我们付出的代价或许会小很多。同样的原因，历次金融危机爆发前，我都不厌其烦地向世人发出警示。过去的几年来，我一直在为阻止这场危机的爆发进行不懈的努力。

5.导致此次美国引发全球金融危机的原因有哪些

2008年3月25日我在央视《对话》栏目中指出："次贷"只是美国这棵金融大树上的一个分枝，整棵大树将要倒塌，次贷只是一个冰山的一角，因为整个金融体系出了问题，美国金融产品肆意泛滥，它将导致全球经济倒退，金融秩序混乱。"在此后的另一个电视专题讲座中，我图文并茂地将危机的发展描绘得更细致。即使在此时，美国政府或其他有关国家的监管当局和领导能够意识到次贷危机并非孤立的个案，及时采取相应的措施，这场全球金融灾难仍然是可以避免的。

由于金融本身是系统和全维的，所以美国次贷危机能够引发全球金融几乎全面崩盘，因此，导致此次危机的原因不仅是系统的，而且是全维的，绝不是单一的。它们包括经济原因、金融生态体系、系统原因、金融体系、金融资产定价、专业水平、金融监管、金融知识等诸多方面。

6.导致美国金融危机的经济原因是什么

此次危机导致的结果是"天大"的灾难，只有"天大"的错误才能导致"天大"的灾难，这也是客观规律。正如2008年9月18日美国众议院议长南希·佩洛西所说，这完全是人为的灾难，政府疏于管理，行动得太晚了，做得太少了。她的批评指责完全是对的，可惜同样是"太晚了"。水火不等人，更不用说，整个华尔街金融帝国大厦都要倒了。

"冰冻三尺，非一日之寒。"其实，多年来，美国许多的经济预测、判断、经济政策及经济价值评判标准都是错误的，但他们不但没有意识到，而且还得意洋洋。现在终于醒悟了，但还没有完全搞明白究竟什么地方出错了。其实美国几年前就已"破产了"，人均欠债之高，令明白的人不敢想象。

任何事物的出现或发生都有它的规律，一旦掌握它，你就知道事物是从哪里来，到哪里去。"9·11"之前，我告诉我所认识的所有美国人，纽约的世贸大楼是极端分子袭击的理想目标。他们觉得不可思议。世贸大楼和美国国防部遭到袭击是在我的意料之中，美国人的意料之外，但我万万没有想到，美国政府和军方竟没有任何防范措施，这简直是不可思议，不可原谅。1999年末-2000年初，我通过国际大会和媒体等警告世人，网络泡沫将要破灭，纳斯达克将要暴跌。几年前，我告诉世人美国这棵金融大树将可能倒塌，并将央及全世界。我曾想尽各种办法，包括试图会晤美国总统，避免它的发生。

7.导致这次危机的金融生态原因是什么

早在次贷危机爆发前，美国及国际金融生态体系就已发生了根本性变化。

在2005年9月11日中国（上海）期货投资国际论坛上，在题为"金融树演绎人民币汇率走势及中美金融"的演讲中，及同年11月发表在《商务周刊》上《美国赤字加剧的中国问题》一文中，我分别指出："根据金融树生态体系，美国这棵金融树树干的两侧严重失衡，如果不是树根牢固及树干的良好弹性和灵活性，树干早已死亡。这种严重失衡的状况若长期得不到修正，生态环境一旦发生重大变化，整棵树将有可能倒毙。尽管美国这棵大树倒塌的可能性很小，但并不是完全没有可能——象征美国商业帝国的世贸大厦之所以倒塌，就是因为事发之前几乎没人能想到它会毁于几个亡命之徒之手。美国这棵大树一旦倒了，一定会殃及全世界，它关系到全球的经济发展和金融稳定，就必然发生美元及美元资产的大幅贬值，美国人生活水平下降。此外，由于全球经济很大程度上是以美元为坐标的，因此，美国经济大衰退一定会导致全球经济的倒退和混乱，其中很可能包括人民币汇率大幅升值。而人民币汇率大幅升值，将给中国的外贸出口乃至整个经济发展带来极大的牵制和打击。而美元购买力和美国人民生活水平的下降，也意味着中国将很大程度上失去美国这个曾给中国带来大量贸易美元的大市场。"

几年前我曾多次指出，由于欧元及欧元经济体的出现及中国的崛起，第二次世界大战后建立的以美元为唯一坐标的国际金融体系、贸易体系、主要商品价格体系早已不合时宜，无法反映客观现实和价值规律，将要面临重大调整。美元坐标体系的错位，将导致全球经济和金融的倒退和混乱。

上述就是引发此次危机的美国及国际金融生态原因。

8.次贷危机引发全球金融风暴的系统原因是什么

前面说过，金融就是"树"！意思是，如树一样，金融的规律不仅是系统的，而且是全维的，即牵一发而动全身。金融的问题必须以金融的方法去解决。然而，由于不懂金融的系统规律，次贷危机爆发后，美国政府"只见树木，不见森林"，一直以"个案"的方法在救市。次贷只是美国这棵金融大树上的一个分枝，潜在的导火索还有许多。此刻的问题不是美国这棵金融树上的哪个分枝，哪家银行，哪家投行，哪家保险公司要倒，而是整个这棵大树都要倒，而且会压倒欧洲的很多"金融大树"，乃至拖垮全球金融体系。美国政府是一家一家地救，扶起了一家，又倒下来两家，怎么也救不过来。待政府意识到这一点时，华尔街已"奄奄一息"了，全球金融体系离彻底崩盘仅一步之遥。这就是次贷危机引发全球金融危机的系统原因。

9.次贷危机引发全球金融风暴的金融体系原因是什么

金融体系指的是金融市场结构。前面说过，尽管金融是人类创造的，属人类意识范畴，但它仍不能脱离天地之规律，人类不能随心所欲。树是由树根长出来的，金融是实物资产演变而来的，并不是天上掉下来的，也不是魔术变出来的。然而，华尔街的"精英们"根据数学模型，奇迹般地创造了一个又一个金融市场。前年和去年初，我曾多次指出，根据国际清算银行的最新统计，全球衍生金融交易合约，从 2002 年的 100 多万亿美元上升到去年的 516 万亿美元。仅这一现象就让人颇感不安，原因如下：（1）在过去的五六年时间，全球衍生金融交易翻了5倍，相比全球经济增长，这其中有多少泡沫？ （2）目前所有国家的产值加在一起为50万亿美元，而目前全球衍生金融交易额竟是它的10倍还多； （3）现代金融市场及其产品的复杂程度足以让任何监管者费解，无论是股神巴菲特还是美联储主席伯南克、美财长保尔森及美国的其他领导，他们都搞不懂这516万亿美元的衍生金融交易究竟是怎么回事； （4）衍生金融交易风险最大、监管最难，很大程度上在监管之外，因此，有人称之为世界上最新最大的"黑市"； （5）这516万亿美元的衍生金融交易是不是潜在的定时炸弹？如果是，何时引爆？它的杀伤力有多大？

综上所述，如树一样，金融是体系，理想的金融更应该是体系，然而，不懂金融规律的华尔街"精英们"已将金融搞得不成体系、面目皆非、肆意泛滥、本末倒置。这样的金融市场不垮，还等什么呢！

10.导致这次危机的技术原因是什么

这里"技术"指的是公司价值、金融产品价值的评判标准，即会计准则。

几年前，我曾试图让美国国会和美国财务会计准则委员会用金融树价值体系取代现行的、单一的会计价值和市值标准，因为二者都无法客观、准确、及时地反映企业的真实价值，做不到这点就是对价值的扭曲，并将导致严重后果。会计价值是过去价值，待财务报表出来，一切已经晚了或者完了，已成既定事实。这就是为什么许多金融机构的负责人看到报表马上辞职的原因。市值指的是及时的市场价值，即mark-to-market。正是这一会计准则在技术上导致许多具有百年历史，价值百亿、千亿的金融帝国在短短几天内大幅缩水、破产倒闭甚至化为乌有，几百年的华尔街几乎毁于一旦。这显然是不合逻辑，而且是大错特错，甚至是违背天理的。非常遗憾，美国的管理当局，包括当时的共和党总统候选人，此时刚刚开始意识到，上述会计准则问题的严重性，并已在2008年10月3日通过的救市法案中授权美国证监会停止使用及时的市值计算方法——这一实施多年的，最重要的会计准则之一。事实上，早在5年前我就解决了这一世界头等难题。因为通过金融树价值体系，任何一个企业、一个国家的任何价值，如过去价值、现在价值、预期价值、未来价值、会计价值、评估价值、市值等，都可以即时地一目了然地显现出来。如果美国采用了这套价值体系，这场危机根本就不会形成，更不用说爆发了。

11.导致这次危机的监管原因是什么

监管失败是这次危机爆发的主要原因之一。金融市场或经济是由实体经济演变而来，实体经济，实实在在，看得见，摸得着，容易管理。相比之下，截止到目前，金融经济几乎对所有世人而言，看不见，摸不着，因此，需要严格的监管。

如果要想让树不被狂风暴雨给吹倒，就要对树进行加固和修剪，尤其是修剪树冠和树杈，否则就有可能头重脚轻，被风连根拔起。

由于不懂金融的属性、规律及其市场机制，一方面，美国监管当局放纵金融发展，导致市场发展泛滥，严重畸形；另一方面，监管体系的设计完全违背了金融的规律，以致"铁路警察各管一段"，次贷市场出了问题，联储局和财政部还不知道，知道了也搞不明白是怎么回事，搞明白了怎么回事，又不属于他们管辖。监管美国金融市场的

"婆婆"很多,如证监会、财政部、期货交易管理委员会、联邦储蓄保险公司等。每个"婆婆"都各管各的,别人的问题,既不懂,也不管。最要命和最具讽刺意义的是,风险最大,最需要监管的市场,如对冲基金、衍生交易等,却没有监管。所以,这场危机你想不让它发生都难,因为太多的东西都是为危机"量身定制"的。

美国财政部长亨利·保尔森 2008 年 10 月 16 日在接受福克斯电视采访中说:"我们对造成今天这种状况的所有错误感到羞耻。铸成这些错误的有很多人、不同的政党、监管系统和市场规则的失效。"

我觉得保尔森"感到羞耻"远远不够,他应该向美国人民和世界人民"谢罪",因为他不但没有当好美国乃至世界金融市场的看门人,而且正如一些参议员所指责的,正是他曾经执掌的高盛等投资银行是这次危机的主要制造者。

美国证券交易委员会前主席阿瑟·莱维特 16 日也提出了自己的看法。莱维特当天在参议院银行、住房和城市事务委员会作证时说,尽管证券市场发展迅速、规模不断扩大,但证交会却没能跟上市场的发展。他说,在市场需要透明之时,证交会放任不透明,在市场需要监管时,证交会却对高风险行为不闻不问。

莱维特当天还为自己 1998 年在任时放过了规范信贷违约掉期(贷款保单)的机会感到后悔。近来有不少人认为,正是价值数十万亿美元的信贷违约掉期点燃了这场金融危机。雷曼兄弟公司申请破产保护、美国国际集团接受政府救助背后都有这一金融衍生品的影子。

12.导致这次危机的最根本原因是什么

近年,我曾多次指出,尽管世界上会计师事务所、审计师事务所、投资评级机构、风险评估及管理机构、经济预测机构等比比皆是,并时时在对企业、行业和国家的经营状况、风险及未来走势进行预测和评估,但他们在预测、防止系统风险和金融危机等方面几乎不能发挥应有的作用。这就是为什么危机不断发生的重要原因之一。

频频发生的金融危机总是不断地给企业、国家乃至全球经济带来致命打击。其根源在于所有从业人员,无论是金融监管者,还是操作者都不了解金融的属性、生态体系和系统性——三个最为关键和核心的部分。造成这种现象的根本原因是，面对看似错综复杂、盘根错节、缤纷零乱的金融世界，现有的金融知识、金融教育不成体系、严重过时、与客观严重脱节、支离破碎、东一榔头西一棒子。

会计、财务与金融分别是企业经营管理的准则、对象和目标，三者针对的是同一事物的不同层面。既然是同一事物，三者肯定是生死存亡，不可分离的整体。然而，目前的会计、财务、金融理论与教学方法等不但相互割裂、教条死板、枯燥乏味、抽象空洞，而且与现实严重脱节。正因为此，人们普遍感到难学、难懂、难记、难用。人们经常是记了又忘，忘了又记，总是学不会。

（这只是一张示意图，用以说明全球金融教育及知识体系的
现状，并不表明笔者对任何一本书的评论。）

截止到目前，世界上没有一所学校，没有一本教科书能够提供上述的系统知识、教育和培训，因此，大家都是这样学的，老师都是这样教的，教材都是这样编的。正因为如此，世界上几乎没人真正通晓包括会计、财务、所有金融市场和产品在内的系统金融知识和规律。这就是为什么华尔街能在细节和个别风险方面做得比较好，而面对系统作用和风险时，总是看走眼，甚至是束手无策。这就是为什么此次危机中，倒闭的、损失最大的恰好是所谓"著名评级机构"评级最高的金融集团。

更有意思的是，正当美国国会为是否通过 7000 亿美元的救市方案展开激辩时，美国百名经济学家，包括许多诺贝尔奖获得者，联名

上书国会反对救市。他们不知道，美国别无选择，否则，华尔街将在几天之内不复存在，美元将变为废纸，美元一旦为废纸，全世界所有货币都将变为废纸，新的世界大战一触即发，无法避免。

长期以来，在没有系统的、科学的金融知识体系指导下，全球金融界，尤其是欧美金融界很大程度上一直在盲目创新，市值化的会计标准就是一个很好的例子，该标准一直被教科书及业界视为法宝，现在终于发现它是导致此次危机的最重要技术原因，现在欧盟也准备取缔它。另一个盲目创新的好例子就是芝加哥期货交易所，该所以创新著称并成为全球最大的综合金融产品交易所，单独地看，它做得非常优秀，但是金融不是孤立的，一旦你把它放到金融体系中，你就会发现它的问题所在及其严重性，因此，它的股价在很短的时间夭折。

其实，美国应该在 3 年前就开始救市，正如 2005 年我在《金融树演绎人民币汇率走势及中美金融》的演讲中，及《美国赤字加剧的中国问题》一文中所说，美国这棵金融大树严重失衡，若得不到修正，整棵树将有可能倒毙。美国这棵大树一旦倒了，一定会殃及全世界。美国的金融市场犹如众多的水库，开始只是个别水库渗水，如果发现、修复及时，将不费吹灰之力，遗憾的是，没有人这样做，结果一个水库被冲垮，又把一个又一个水库冲垮，整个华尔街几近被淹没。

然而，通过金融树体系、系统金融学和金融生态学等，看似错综复杂、缤纷零乱的金融世界其实有着很强的规律性，你可以看到它们的来龙去脉和前因后果。这就是为什么每次金融危机来临前，我都能向世人发出预警。

第九节 谁是这次金融危机的"帮凶"

核心提示：

金融说到底是价值取向问题，即资产价值的评判，因此，价值评判员及评判标准至关重要。令人遗憾和作呕的是，国际最著名的评判员，美国三大评级机构不仅在金融风暴前呼风唤雨，与金融"魔鬼"遥相呼应，肆意牟利，而且是这次金融危机的"帮凶"。

1.什么是信用评级

信用评级指的是评级机构对个人、企业乃至国家的信用记录、偿还能力及各种金融产品的投资价值与风险进行分析评估，并确定不同的级别，为投资大众和投资市场提供所谓的指导性资讯。

据英国《经济学家》杂志报道，1975 年美国证券交易委员会建立了"国家认可的统计评级组织"，标准·普尔、穆迪和惠誉三家评级机构成为第一批会员。从此，就只有这三家机构在受保护的市场中蓬勃发展，后来侥幸加入的评估机构也被它们吸纳吞并，其他的信用评级机构则根本得不到证交委的批准。可以说，三大评级机构的特权是美国政府赋予的。为了帮助美国的金融资本进行海外扩张，三大评级机构不仅对别国企业进行评级，还将国家列入评级对象，国际金融资本依据它们的评级决定是否对该国投资，一个国家如果受到低级别信用评价，不仅不能吸引到足够的投资，还会导致已有投资的撤离。资料显示，1975 年标普和穆迪承接的主权评级国家只有 5 个，而 2002 年就已达到 202 个国家和地区。

2.什么是标准·普尔

标准·普尔指的是标准·普尔公司（Standard & Poor's Corporation）或它的产品。标准·普尔公司是美国麦格劳-希尔公司的子公司，专门从事商业及信用评级，发表大量相关报告，而且是国际上最有影响的信用评级机构之一。

前面介绍的标准·普尔股票指数是该公司最有影响的产品之一，也是美国股市最重要的指数之一。

此外，标准·普尔公司对它们认为有商业价值的企业、投资机构及各种金融产品都进行评级。信用等级标准从高到低可划分为：AAA级、AA级、A级、BBB级、BB级、B级、CCC级、CC级、C级和D级。前四个级别债券信誉高，履约风险小，是"投资级债券"，第五级开始的债券信誉低，是"投机级债券"。

3.什么是穆迪

穆迪（Moody）主要指的是穆迪的投资等级或穆迪的投资服务公司。穆迪投资服务公司是 Dun & Bradstreet 的子公司，位于母公司的总部，纽约的曼哈顿。

穆迪同标准·普尔同是世界最著名的债券评级机构，也是世界三大评级机构之一。它的业务与评级标准·普尔大同小异。

穆迪投资服务公司信用等级标准从高到低可划分为：Aaa级、Aa级、A级、Baa级、Ba级、B级、Caa级、Ca级和C级。

4.什么是惠誉

惠誉国际评级有限公司（FitchIBCA）成立于1913年，是全球三大国际评级公司之一。惠誉本身是由两家小型评级机构——以纽约为总部的费奇（Fitch Investors Service）和以伦敦为总部的IBCA——在1997年10月因合并重组而成为一家。合并之后，成为法国上市公司FI-MALAC的子公司，但却仍在伦敦和纽约同时维持两个总部。惠誉国际重视评级质量，根据 Cantwell 公司1999年对世界三大评级公司的国际信用评级调查报告，Fitch 评级公司在分析研究报告和评级服务两方面分别被发债主体评为最高质量奖。

特评：金融危机的"帮凶"遭世界抨击

信用评级机构没信用、没资格、没道德

上述美国三大评级机构近期不断遭到包括美国国会在内的世界抨击，它们是此次危机的"帮凶"，并被质疑帮美实现霸权。

我曾多次说过所有的金融危机都不应该发生，都是人为的。只有特大的错误才能导致特大的灾难。引发此次金融危机的很多原因都是十分荒诞的。除金融市场的监管体系和监管者外，金融市场、金融机构、金融产品的评级就是另一个荒诞原因。

首先，上述评估机构根本没有掌握金融的客观系统规律和价值规律，拿什么去评估金融市场、金融机构、金融产品，只能拿自己杜撰出来的主观标准去评级。而这一标准恰恰是服务于自我的。这样的方法不出错才怪呢。所以，在历次金融危机中，首当其冲的金融产品多是它们评级最高的产品，以致无数的投资者上当受骗，损失惨重。

其次，它们既是市场的评判员，又是市场的利益分享者。它们的评级与它们的收费密切相关，进而言之，它们是用评级报告换取收费。这样的评级制度或体系又如何保证它的公平性和客观性。

最后，一个自身没有信用的企业，一个缺乏客观标准的企业，一个靠出卖道德灵魂换取利润的企业，又如何给别人制定信用标准？

拥有"可以摧毁一个国家的权势"

《纽约时报》专栏作家弗里德曼曾说："我们生活在两个超级大国的世界里，一个是美国，一个是穆迪。美国可以用炸弹摧毁一个国家，穆迪可以用债券降级毁灭一个国家；有时候，两者的力量说不上谁更大。"弗里德曼甚至说，在 20 世纪 90 年代，对于一个发展中国家领导人来说，最重要的访客也许不是其他国家的首脑，而是来自穆

迪的职员。

"为了赚钱，我们把灵魂出卖给了魔鬼"

美国的三大评估机构一直被广大投资者认为是国际最有权威、最可靠的金融服务机构，对之几乎深信不疑。但最近揭露的大量材料表明，它们是导致金融危机爆发的"帮凶"。它们受雇于设计不良金融产品的金融机构，当然就无法作出完全公正的评价。它们利欲熏心，为华尔街制造出的大量"有毒"债券贴上了安全的标签，与华尔街一起欺诈全世界。即使完全没有信用资料，它们也必须创造出一个信用评估，使之美妙如花。业内精英如有任何质疑，很快就会被炒鱿鱼。面对国会的质问，就连穆迪的高管也羞愧地承认："我们不像是在进行职业的评级分析，而更像是在把自己的灵魂出售给魔鬼来换取金钱。"美国的价值观和道德标准再次受到全世界的拷问。五年多来，三六评级机构的总收入都翻了一番，可是它们却欺骗和害苦了美国民众和世界很多国家。

"双重标准"受质疑

三大评级机构对美国本土企业和债券网开一面，对美国以外的国家和企业却飞扬跋扈。德国金融监管机构前总裁曾不满地表示，美国三大评级机构成为"不受约束的世界霸权"，并"主宰着全球市场"。从加拿大到多米尼加，从俄罗斯到韩国，都对这些评级公司颇为不满。1995年2月，加拿大准备宣布削减开支、增加税收以支持加元，就在政策公布前，穆迪擅自宣布将加拿大债券降级，使市场出现了加元和债券的抛售潮。亚洲金融危机时，三大评级公司经常急剧下调受影响的东南亚国家的评级，严重加剧了市场恐慌。国际货币基金组织曾在2002年的工作文件中严厉批评三大评级公司"仓促下调评级，致使局面恶化"。最近的例子则是，在标普、惠誉连续下调冰岛主权评级后，冰岛银行业几乎崩溃，整个国家面临破产的险境。本月，标普将韩国7家主要银行的信贷评级列入负面观察名单，引发了韩元自亚洲金融危机以来的最大跌幅。韩国《国民日报》16日援引该国证券市场一位高级人士的话说，这些评级公司似乎是有意从亚洲金融市场淘金。

更有甚者，三大评级机构有时还会配合美国政府，对他国政策横加干涉。2004 年，当布什总统在争取连任的选举中表示要通过国际压力迫使人民币汇率升值时，穆迪立即跟风，表示将会降低中国债券的评级。据德国《明镜》周刊报道，2003 年，标准·普尔将包括德国最大的钢铁制造商蒂森克虏伯公司在内的一些德国企业信贷评级降至垃圾级，蒂森克虏伯的股价因此跌至有史以来的最低点。这令德国人愤怒不已。社民党经济委员会领导人温德称，"不排除德美紧张的外交关系影响了评级结果的可能"。当时，施罗德政府对美国发动伊拉克战争不断说"不"。而"巧合"的是，澳大利亚全力支持美对伊动武，标准·普尔将澳外汇债券评级升至最高级。事后，蒂森克虏伯委任了一个独立调查小组评估标准·普尔的决定是否公正，德国邮政等 9 家企业也联手反击。最后，标准·普尔又上调了对蒂森克虏伯的评级。《明镜》周刊形容说，美国评级机构仿佛是一个手持"魔针"的巫师，投资者唯其马首是瞻，这是冷战后美国的另一个强权工具。

现状难改

其实，美各界近年来也曾不断呼吁对三大评级机构进行改革、加强监管、引进新的竞争者，但由于它们在美国实施全球经济霸权中扮演的特殊角色，政府监管部门一直没有对其采取严格的监管措施。伦敦金融城的衍生品市场分析师怀恩斯特在接受《环球时报》记者采访时认为，一直以来，这三大评级机构凝聚着美国资本市场的力量和美国的国家力量，因此其市场权力得到极度膨胀，甚至于几乎充当了国际金融市场的调节大师，美国也借助于它们在全球推销其标准和价值观。然而，国际社会却缺乏一个机构来监督这些评级机构，它们错误的判断被原封不动地转嫁到投资者身上，三大评级机构神话的破灭，再次印证了美国价值观霸权的衰落。但也有美国的分析人士认为，只要华尔街的国际金融中心地位还在，三大评级机构就仍能以"白武士"的身份，在全球金融市场施展它们的"妖术"。

此评论是笔者参考多方信息编写而成。

第三章 金融危机纪实与漫画

（上）金融，树欲静而风不止

核心提示：笔者几年前就多次指出，其实美国这棵金融大树早已严重失衡，头重脚轻，不堪一击。此次迅猛的金融风暴几乎让华尔街彻底崩溃。美国次贷危机引发美国金融系统危机，美国金融系统危机引发全球金融系统危机，全球金融系统危机引发全球经济危机，全球经济危机引发全球贸易危机。然而，引发这一系列不该发生的事实的原因竟是如此荒诞滑稽，似乎只有用漫画才能勾画出来。

新金融宣言 · XinJinRongXuanYan

第一节 次贷，金融危机的导火索

核心提示：

其实，次贷只是美国这棵金融大树上的一个分枝，如果这个分枝不断裂，其他分枝也会断裂，因为整个美国这棵金融大树已经肆意泛滥，头重脚轻，不堪重负，严重倾斜。遗憾的是，由于没有掌握金融的客观规律，美国的监管人员和从业人员根本没有觉察到。

美国次级房屋信贷危机（又称次级房贷风暴、次级按揭风暴），是指由于美国次级房屋信贷行业违约剧增、信用紧缩，从 2007 年夏季开始引发国际金融市场巨大震荡和恐慌。这场危机，不仅严重影响美国经济，而且迅速蔓延全球，并演变成为 20 世纪下半叶以来程度最为严重、影响最为广泛的金融危机。这场危机，不仅是全球的经济灾难，而且展现了现有金融体系及其监管的残破，还必然催生全球新金融秩序的诞生。

美国房地产金融机构，以三项指标来区分客户质量：

第一项指标是客户的信用记录和信用评分；

第二项指标是借款者的债务与收入比率（Debt to Income Ratio，DTI）；

第三项指标是借款者申请的抵押贷款价值与房地产价值比率（Loan to Value Ratio， LTV）。

美国的住房抵押贷款分为三类:优质贷款（Prime Loan），Alt-A 贷款（Alternative A ）和次级抵押贷款（Subprime Market） 。优质贷款

（Prime Loan）申请者的信用评分在 660 分之上，而且必须提供全套收入证明文件；优质贷款业务大多采用最为传统的 15 年或 30 年固定利率抵押贷款。Alt-A 贷款申请者的信用评分在 620~660 分之间，或者满足优质贷款申请者的所有条件，但是不愿意或不能够提供全套收入证明文件者。次级抵押贷款（简称次贷）申请者，大多是信用评分低于 620 分、DTI 超过 55%、LTV 超过 60% 的借款者，申请次贷不需要借款者提供任何收入证明。

在上述三类贷款者中，优质借款人还款能力最强，多采取简单的固定利率长期贷款，很少采用复杂的创新按揭工具。Alt-A 和次贷借款人则还款能力较弱，往往更偏向于复杂的、基于风险定价的抵押贷款工具。

住房抵押贷款公司为中低收入的次贷申请者开发出多种抵押贷款品种，主要品种为可调利率抵押贷款（Adjustable Rate Mortgages ARM），市场上的 ARM 产品分为三种：

第一种是仅付利息抵押贷款（Interest Only），即在贷款前几年，借款者只需偿还利息，不必偿还本金。

第二种产品是负摊销抵押贷款（Negative Amortization），即在贷款前几年，借款者的还款金额甚至可以低于应付利息，但是未偿还的应付利息部分将会自动计入贷款本金，一旦累积的应付利息部分超过贷款总额的 15% 或 25%，每月还本付息额要根据新的贷款本金重新计算（Recast）。

第三种产品是选择性 ARM（Optional ARM），这赋予借款者很大的还款自由度，即借款者每月可以选择偿付本息、只还利息或进行负摊销。这种自由选择权可以保留 5 年以上，或者到新的贷款本金额度超过原始本金的 110% 时为止。

尽管在形式上有这样或那样的不同，但是所有 ARM 产品有一个共同特点，即最初几年的利率是固定的，且低于市场水平，被称为诱惑性利率。一旦几年后利率重新设定或本金重新计算，借款者的还款压力将会骤然上升。对于大多数中低收入购房者，重新设定还款利率后的月供是难以支付的，唯一的期望就是房价继续上涨，当 ARM 贷款的利率进入重置期后，可以利用再融资借新还旧，或者将房屋套现获利偿还贷款。所以大多数购房者在申请次贷的时候没有考虑未来会按计划还贷，他们关注的只是房价的涨跌，这种近似赌博的次贷产品极大地增加了金融系统的信用风险。

2000 年网络科技股的泡沫破灭之后，美国经济陷入衰退，纳斯达克指数从 2000 年 3 月的最高 5132.52 点下跌至 2002 年 10 月最低 1108.49，最大跌幅达 78.40%。为了拉动需求刺激经济增长，美联储在很短时间内将联邦基金利率从 6.5% 调低至 1%，缓解了经济危机。2002 年美国经济出现了回暖迹象，其中房地产行业的复苏起到了重要作用。

2001 年至 2005 年期间，美国房地产市场空前繁荣，加利福尼亚、佛罗里达和纽约等地显现出泡沫化的征兆。在市场火热的时候，房地产金融机构产生过度放贷的冲动，在对优质客户的争夺进入白热化之后，部分机构就把目标瞄准了没有资格申请优质贷款的潜在客户。许多经纪公司在高利益的驱使下，大量推销次贷和 ALT-A 贷款，根本不需要考虑购房者的收入情况和信用记录，贷款买房容易得让人难以置信。在房价上涨期间，房屋业主可将被抵押的房屋的增值部分以较低的利率再次抵押，然后二次贷款，获得的资金用于偿还前期贷款和消费，甚至投资于股票市场。对于习惯透支消费的美国人来说，次贷已是最佳的融资手段，只要房价继续保持上涨趋势，购房人就可以通过再抵押获得资金，还款压力较小，在房价上涨最快的时期，抵押贷款再融资业务甚至被当做是额度不断上升的信用卡。

低利率政策推动了贷款的增加，过剩的流动性促使物价上升。2003 年美国通货膨胀压力显现，美联储从 2004 年 6 月到 2006 年 6 月的两年时间内连续 17 次上调联邦基金利率。基准利率的上升逐渐刺破了美国房地产市场泡沫。很多地区房地产价格的上升势头在 2005 年夏季结束时忽然中止；2006 年美国房地产市场进入市场修正期，2006 年 8 月房地产开工指数同比下降 40%；2007 年美国住宅房地产的销售量和销售价格均继续下降，二手房交易的下跌程度是 1989 年以来最为严重的，第二季度的整体房价甚至创下 20 年来的最大跌幅。

　　2004 年至 2005 年发放的次级抵押贷款在 2007 年进入利率重新设定期，借款者面临的还款压力骤然增加，与此同时房地产业进入萧条期，借款者很难获得新的次贷，即使出售房地产也不能偿还本息，违约风险全面暴露。

　　房地产市场处于景气周期之中，对住房抵押贷款公司来说，发放次贷的动力就会强于优质贷款。这是因为发放次贷不仅可以获得更多的利息收入，而且只要作为抵押品的房地产价值上升，即使出现违约，住房抵押贷款公司也可以通过没收拍卖房屋收回贷款本息。再者房地产金融机构可以通过证券化，将与次贷相关的风险转移给资本市场。但是当房地产市场面临景气周期的拐点时，最基础的假设条件便不复存在，上述理由也就失去了意义。一旦次贷的违约风险全面释放，住房抵押贷款公司必然最先遭受沉重的打击。购房人无力偿还贷款使住房抵押贷款公司现金流出现中断，不良贷款比率迅速上升，公司资金周转困难。而次贷危机的爆发也给证券化市场带来极大的负面影响，投资者一时间对 MBS（住房抵押贷款支持证券）和 CDO（担保债务凭证）等资产支持证券及其衍生产品避之唯恐不及，争先恐后地抛售相关资产，使得住房抵押贷款公司无法通过信贷资产证券化进行再融资，大多数公司濒临破产边缘。

　　2007 年 2 月美国第二大次贷专业机构——新世纪金融宣布，调整其 2006 年前二季度的业绩报告，2006 年第四季度业绩将出现亏损。而美国最大次贷公司 Countrywide Financial Corp 也随即宣布将减少放贷。2007 年 3 月，汇丰控股公布业绩，并宣布额外增加在美国次级房屋信贷的准备金额达 70 亿美元，共合 105.73 亿美元，升幅达 33.6%。消息一出，股市随之大跌。当日恒生指数下跌 777 点，跌幅达 4%。2007 年 4 月新世纪金融中申请破产保护。2007 年 7 月 27 日，环球股市首度因美国次级房屋信贷问题而出现大跌。至此源自房屋信贷的危机，引发了华尔街的恐慌。

　　华尔街的投资银行向住房抵押贷款公司购买抵押贷款组建资产池，设计出 MBS 销售给二级市场的机构投资者。为满足不同风险偏好投资者的需求，投资银行一般要对 MBS 产品分为优先级、中间级和权益级，每一级证券都以自己的本金为限为上一级证券提供全额担保。相应现金流的分配规则为:首先全部偿付优先级债券，如果有剩余再偿付中间级债券，最后偿付股权级债券。由于收益分配和损失分担的顺序不同，这些债券获得的外部信用评级不同。优先级债券往往能够获得 AAA 评级，债券收益率较低，购买方往往是风险偏好较低的商业银行、保险公司、共同基金、养老基金等。中间级债券的信用评级包括 AA， A 和 BBB 级，债券收益率较高，购买方往往是风险偏好较高的对冲基金和投资银行。股权级证券往往没有信用评级，证券收益率最高，通常由发起人持有，有时也出售给对冲基金和投资银行。

对于中间级 MBS 而言，由于信用评级相对较低，流动性较差，为了满足投资者的需要，投资银行往往以中间级 MBS 为基础进行再证券化，以中间级 MBS 为基础发行的债券被称为担保债务权证（Collateral Debt Obligation， CDO）。通过上述分级操作，优先级 CDO 往往能够获得 AAA 级评级，重新赢得商业银行、保险公司等稳健型机构投资者的青睐。MBS 股权级 CDO 的风险虽然大于中间级 MBS，但是因为能够获得更高的回报率，受到投机性机构投资者的追捧。次贷危机爆发的时候，按照证券化产品的现金分配规则或损失承担规则，中间级和股权级债券必须率先承担损失。抵押贷款违约率上升导致中间级或股权级 MBS 和 CDO 的持有者不能按时获得本息偿付，这些产品的市场价值缩水，恶化了对冲基金和投资银行的资产负债表。一旦对冲基金的投资组合遭受严重损失，对冲基金就会面临投资人的赎回压力、商业银行的提前回收贷款压力，以及中介机构的追加保证金压力，会迫使基金经理被迫抛售优质资产，甚至破产解散。2007 年 7 月 19 日贝尔斯登旗下两只对冲基金净值已经清零，就是因为在此前持有大量的权益级 CDO。

商业银行、保险公司、共同基金和养老基金等也没有能够幸免于难。按照常理，如果次贷违约率上升没有影响到优先级 MBS 或 CDO 的偿付，就不会造成相应损失。但是，由于较低级别的 MBS 和 CDO 发生违约，评级机构在调低该级别产品的信用评级时，也会对优先级产品面临的风险重新评估，这些产品的信用级别被调低，市场价值也相应缩水。对于商业银行而言，一方面自身持有的优先级产品面临损失，另一方面对冲基金用于申请贷款而作为抵押品的中间级和股权级 MBS 和 CDO 也会发生更大程度的缩水，使银行的不良资产比重大幅上升。

　　市场系统性风险逐渐放大，大多数机构投资者都遭遇损失后，它们的理性对策就是出售非流动性资产，提高自身体系内的流动性以应对巨额赎回的压力。一旦资本市场上所有机构投资者都抛售非流动性资产，就会造成两个结果。一是全球固定收益产品市场和股票市场行情大幅下跌；二是市场流动性趋紧，形成信用紧缩的局面。第一个结果目前已经在全球资本市场上表露无遗，第二个结果正是主要发达国家向市场巨额注资的直接原因，仅 2007 年 8 月一个月向市场上注资达到 5000 亿美元之巨。

次贷参与主体关系图表

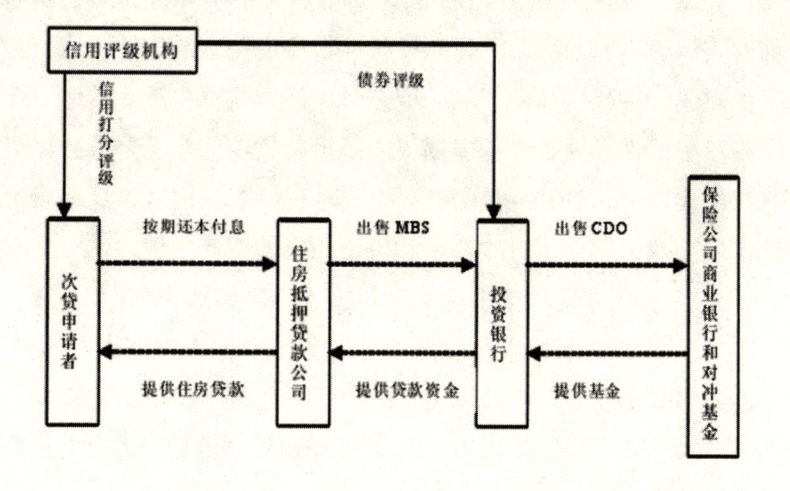

第二节 华尔街，一天改变历史

核心提示：

2008 年 9 月 15 日，这一天必将被载入人类史册，因为这一天所发生的许多事情震惊并改变了全球经济，因为这一天标志着华尔街一个旧时代的结束，预示着一个新时代的来临。

这一天，雷曼兄弟公司，美国第四大投行，根据《美国破产法》第 11 章规定，向纽约南区美国破产法庭申请破产保护。这成为美国有史以来规模最大的破产申请案例。雷曼兄弟，拥有 158 年历史，曾经在美国抵押贷款债券业务上连续 40 年独占鳌头，因涉及次贷亏损严重，在过去一周内股价暴跌 77%。雷曼兄弟 2008 年第二季度损失 39 亿美元，是成立以来单季度所蒙受的最惨重损失，此时其公司股价较 2007 年年初最高价已经跌去 95%。

这一天，美洲银行，美国第一大零售银行，正式宣布，出资 500 亿美元以购股形式收购美林。这个价格几乎相当于美林一年前价格的 2/3，也是 2007 年年初价值的一半。美国 RMIC 按揭贷款保险公司首席经济学家、美国房地产协会常务理事童忠益感叹说："美林是华尔街的一面旗帜，它以如此惊人的速度被收购，确实有些出乎意料。这也标志着次贷危机给华尔街带来的问题全面爆发了。"

这一天，AIG、美国国际集团，正式向美国联邦储备局申请 400 亿美元过渡性贷款，以免信贷评级遭下调。在 2008 年过去三个季度，

AIG 亏损高达 180 亿美元，拖累股价下跌达到 79%。此前，评级机构标准·普尔已经将 AIG 的负债评级，列入负面观察名单，并预警 AIG 的评级可能下调，若评级下调，AIG 可能需要进行高达 145 亿美元的资产减值。上任不足三个月的行政总裁维卢姆斯达，面临重大增资压力。

这一天，美联储联合美国十大银行，各出 70 亿美元设立一个 700 亿美元的平准基金，用来为存在破产风险的金融机构提供资金保障，确保市场流动性的最大化。这十大银行巨头分别是：美洲银行、巴克莱、花旗集团（Citigroup Inc.）、瑞士信贷集团（Credit Suisse Group AG）、德意志银行（Deutsche Bank AG）、高盛集团（Goldman Sachs Group Inc.）、摩根大通公司、美林公司、摩根士丹利（Morgan Stanley）以及瑞银集团（UBS AG）等。

这一天，全球央行集体紧急救市，但是难挽狂澜。道指暴跌 4.42%，伦敦股市暴跌 3.92%，巴黎股市暴跌 3.78%；亚太股市更是一泻如柱。日经 225 指数跌 605.04 点，跌幅 4.95%，创下 2005 年 7 月 8 日以来的最低水平；恒生指数暴跌 5.44%；韩国股市暴跌 6.1%。中国 A 股虽然有央行降息的利好，但是同样没有躲开大跌的厄运。

彭博社分析说，世界金融业过去 10 年间的高增长率由两部发动机驱使：廉价信贷和飙升房价。现在这两部发动机"不给劲"，那些靠借债经营、发放房地产贷款过上好日子的金融机构陷入困境当然不足为怪。

"世界金融体系下方的地质结构正发生变化，"美国骑士资本集团常务董事彼得·肯尼说，"一个金融世界新秩序将由此诞生……但这是一个难看、痛苦的过程。"

第三节 华尔街的一个辉煌时代结束了

核心提示：

金融风暴爆发前，华尔街是由投资银行主导，它们喧宾夺主，天马行空，独来独往，呼风唤雨。金融风暴来了。它们是金融风暴的始作俑者，它们是金融风暴的中心，它们是金融风暴的目标。金融风暴远未结束，美国的五大投行早已不复存在。倒闭的倒闭，被收编的收编。华尔街的一个辉煌时代结束了。

雷曼是怎样倒下的

雷曼兄弟公司是为全球公司、机构、政府和投资者提供金融服务的一家全方位、多元化投资银行。雷曼兄弟公司雄厚的财务实力支持其在所从事的业务领域的领导地位，并且是全球最具实力的股票和债券承销和交易商之一。雷曼兄弟公司在美国抵押贷款债券业务上连续40年独占鳌头，但是在次贷危机冲击下，公司持有的巨量与住房抵押贷款相关的"有毒资产"在短时间内价值暴跌，将公司活活压垮。

引发雷曼穷途末路的导火索，是1993年富尔德接掌雷曼。雷曼自成立以来，一直以稳健著称，直到1980年代初，稳健派仍然把持着公司的决策权。然而，也就是从那时开始，雷曼内部发生了稳健派和冒险派之争。1983年，两派之争公开化，并导致公司分裂，冒

127

险派代表出走，而当时默默无闻的富尔德选择留了下来。1984 年，雷曼被美国运通收购。1994 年，卧薪尝胆的富尔德接管了刚刚从美国运通剥离出来，已经满目疮痍的雷曼，并将其运作上市。富尔德改变了此前坚持的稳健立场，成为一个积极的冒险派，大举扩展投行业务。可能是吉人天相，富尔德的激进做派，不仅让雷曼避过了1998 年因长期资产管理公司破产引发的金融危机和 2001 年美国遭遇恐怖袭击而造成的冲击，而且相关投行业务尤其是房地产抵押贷款业务（其中又以次级贷款为主）更是蒸蒸日上。从 2003 年到 2007 年，雷曼的利润达到了 160 亿美元。特别是在美国房地产泡沫高峰的 2005 年，雷曼的营业收入达到 320 亿美元，利润 32 亿美元。"春风得意马蹄疾"，富尔德之名传遍华尔街。

早在 1999 年，雷曼就用账上资产作抵押大量借贷，再将借来的资金贷给私募股权基金，或者购买房贷资产，再打包发行给投资者，将杠杆机制用到了极限。

2004 年，雷曼收购了 BNC 房贷公司，以便能有持续不断的次级房贷得以被雷曼打包成债券出卖。2006 年仅一季度，BNC 房贷公司每个月发放次级房贷 10 亿美元。雷曼还收购了 Aurora 贷款公司，该贷款公司发放 Alt-A 房屋贷款。2007 年上半年，Aurora 贷款公司每月放贷 30 亿美元。这种做法的最终结果，是让雷曼手中有大量卖不出去的次贷资产。次贷危机爆发前，雷曼成为华尔街打包发行房贷债券最多的银行，自家也积累了 850 亿美元的房贷资产，比摩根士丹利高出 44%。

随着次贷危机的不断蔓延，雷曼已经如同撞上冰山之前的泰坦尼克号，来不及转弯了。2007 年下半年以及 2008 年一季度，雷曼的减计高达 100 亿美元。

在 2008 年 2 月结束的雷曼第一个财务季度中，雷曼卖掉了 1/5 的杠杆贷款。同时又用公司的资产作抵押，大量借贷现金为客户交易其他固定收益产品，希望赌一把来摆脱困境。然而，美国房屋价格的急剧下跌，使得这一努力不但没有改善雷曼的状况，反而让雷曼背上了更沉重的包袱。2007 年第一财季，雷曼发布了赢利 4.89 亿美元的报告。事后证明，那只不过是在玩财务手段掩盖真相罢了。雷曼在第二个财务季度变卖了 1470 亿美元的资产，这又使得公司承受大量的账面损失。与此同时，雷曼还没有放弃商业楼宇贷款业务，将房贷资产有一半投在商业房贷和商业楼宇，而这些资产在 2007 年却均被大量减计。

除了对资产进行处置外，雷曼还连续多次进行大规模裁员来压缩开支。自 2007 年 6 月以来，雷曼公司已经实施了四波裁员计划，已经解雇超过 6000 名员工。然而，即便在这些业务和举措的支撑下，雷曼要自救，仍然回天乏术。雷曼只有将希望寄托在来自第三方力量的他救上。从 2007 年 6 月 30 日开始，先后传出巴克莱银行、太平洋投资管理公司、韩国产业银行、美洲银行等将收购雷曼兄弟。然而，这些有意向的收购方，最终都选择了放弃。最后，雷曼兄弟公司不得不宣布破产清算。就这样，一家曾经呼风唤雨的百年老投行，走到了终点。

雷曼申请破产前一周，美国财长保尔森宣布政府正式接管房利美和房地美，仅仅一周之后却拒绝为其他银行收购雷曼提供资金担保。在外界看来，同样是次贷危机的受害者，命运却是截然不同——一方上天堂，另一方下地狱。

一位曾在雷曼担任住房贷款研究部门主管的人士指出："房利美和房地美之所以存在，是因为要执行美国政府的房屋政策，绝不可能垮掉。而且次贷危机爆发以来，两房已经在政府授意下担负起部分非优质贷款市场的经营，这也一定程度上导致了近期两房的资产严重缩水和资本金不足，因此政府一定要伸手接管。因为两房几乎垄断了美国优质房贷市场，他们的倒闭将使整个房贷市场面临危机。"

至于雷曼兄弟，"目前看来，美联储认为长期来看破产所付出的代价可能更小，因此不愿对该交易提供与贝尔斯登收购案类似的财务支持。美联储也不希望每当投行出现危机，市场就指望其提供拯救措施。"标普全球经济学家大卫·威斯认为，"房利美和房地美是政府背景的，救助这两家机构是为了维护政府信誉和市场稳定，而雷曼危机，实际上对市场心理和部分债券产品价格有影响。"

五大投行终成历史

2008 年 3 月 17 日，贝尔斯登被摩根大通收购。

2008 年 9 月 15 日，雷曼兄弟申请破产保护，美林证券被美洲银行收购。

2008 年 9 月 21 日，美联储发布声明宣布，该委员会已批准了高盛和摩根士丹利提出的转为银行控股公司的请求。在转型为银行控股公司之后，高盛和摩根士丹利可以设立商业银行分支机构吸收存款，并可像其他商业银行一样永久性地获得从美联储申请紧急融资的资格。作为银行控股公司，摩根士丹利和高盛获准开展储蓄业务，这可能是一种更为稳定的资金来源。不过，在获得便利融资的同时，高盛和大摩也需要为此付出代价，而最关键的就是要告别以往相对宽松的监管，接受来自证监会和美联储等各方更加严厉的监督。此外，它们还须满足新的资本金要求，接受额外的监管，而赢利水平也可能远不及从前。

随着"五大行"的相继倒闭、出售或是改制，现代华尔街引以为傲、赖以立足的独立投行业务模式已走到尽头。华尔街的一个辉煌时代结束了。

华尔街，不仅是国际金融中心的象征，更是世界财富的聚集地。这里有全世界最大的金融机构，有最富活力的创新产品。这些金融机构的触角伸向世界各个角落，包括中国在内。然而在 2007 年，次贷让"活跃"过度的华尔街品尝到了苦涩，伴随着金融巨头一个个倒下，"次贷危机"逐渐成为盘旋在华尔街头顶的秃鹫，并向世界各地蔓延。华尔街，变身为一场金融灾害的"暴风眼"。令人不安的是，这场席卷全球的金融风暴何时结束，至今仍然没有答案，没有预兆，不见尽头。

"如果有一个稳定的现金流，就将它证券化。"这条在华尔街流传甚广的名言造就了诸多金融衍生产品。

次级按揭贷款在美国市场由来已久。信用程度较低、收入水平不高的民众，通过这种方式获得房屋抵押贷款，而与之相对应的，申请贷款者要支付相对较高的利率。但在将其证券化并产生 CDO（担保债务权益）之前，这类产品与华尔街的关联并不大，迟至 1987 年才有一家券商发行了第一只 CDO。CDO 的出现，使得资产证券化产品更适合华尔街的口味，更细分，更高的收益率，更好的针对性。CDO 在最底层的次级按揭贷款和华尔街巨头之间架起了桥梁。一些商业组织收购贷款商手中的次级按揭贷款，并将其批量证券化，作为可以获得稳定现金流的产品兜售给更广大的投资者。这样贷款的风险就分散到了更多的投资者手中。而最早收购贷款并将其证券化的，并不是华尔街投行，而是房地美。

事实上，正是人类历史上最大的一次金融创新，带来了人类历史上最大的一次金融灾难。

与房地美的中规中矩相比，华尔街投行在资产证券化上走得更远。他们将贷款分割成不同的部分，比如有的只包含本金，贴现出售；有的只包含利息，有时还将这些贷款分成 A、B、C、D 等层次……以至于后来买家见到这些产品时，除了投行提供的数字，已经无法判断资产的质量到底如何。

次级抵押贷款的申请者们，他们也许失业、也许从事低收入工作、也许曾经有不良信用记录，虽然支付了超过正常水平的利率，但是这种信用程度并不好的客户提供稳定现金流的风险很大。美联储主席本·伯南克也一度评论："近年发放的大多数次级抵押贷款既不负责任，也不谨慎。"

在雷曼兄弟之后，绝大部分华尔街投行都进入这一领域，相关的证券化产品也流向全球银行和投行手中，这使得欧洲如今成为除美国之外的一个重灾区。2004 年，全球 CDO 发行量达到 1570 亿美元，而到了 2006 年，这一规模已经达到 5520 亿美元。其中超过 1400 亿美元涉及次级债券。同样在 2006 年，房地产价格的下降和短期利率的上升使得次级按揭贷款的违约率逐渐上升。2007 年 6 月份，房地美披露季度亏损，而随后，贝尔斯登旗下两只次级债对冲基金倒闭，华尔街才意识到危机来到了。

从贝尔斯登到雷曼兄弟的倒闭，再到高盛和摩根士丹利改弦更张，是什么推力让危机演变成风暴？这时候恐慌的华尔街体现了其放任的一面。

正在参加美国总统竞选的共和党候选人麦凯恩的一句指责不无道理。麦凯恩指责美国证交会主席说：他没有监管好华尔街。麦凯恩的指责集中在两点：美国证交会允许净卖空，并且放弃了"提价交易规则"。在美国，卖空的历史几乎和纽约市场一样久远。在中国，拟推出的"融资融券"中的"融券"就是卖空。即投资者从券商或大股东处借得股票，在市场上抛出，然后在一定的时间内从二级市场买回，从抛和购的差价中获利的一种方法。几年前，美国证交会允许了一些更大胆的措施：净卖空，即不需要借入股票的卖空，并放弃"提价交易规则"，使得投资在股价下挫时可以连续卖空。

出现了溃败征兆的雷曼兄弟在这两点的影响下，快速被对冲基金完成致命一击。股价从 20 美元到 2 美分，对冲基金用了不到 2 个月的时间。信心的丧失造成了更多的投资人抛出持有的债券，雷曼兄弟在售卖无望之余只能宣布申请破产。如果不是美国证交会的暂时禁令，还有更多的金融机构将会遭受类似的待遇。美国证交会在关键时刻宣布禁止做空 799 只金融股，这也使得风雨飘摇中的金融机构股价暂时稳定。

赫赫有名的华尔街五大投行，两家倒闭，一家被银行收购，而另两家在商业银行牌照安身立命。以高杠杆率获取高回报的华尔街投行尝到了急速陷入泥沼的苦果，高杠杆率的华尔街独立投行模式业至此走到尽头，一个新的金融业格局即将开启。

第四节 救市，看得见的手与闲不住的手

核心提示：

在这次次贷引发的金融危机中，政府这只手，不仅看得见而且频频出手。然而，面对看不见闲不住的手，政府是频频失手。由于没有掌握起火的原因，一处的火还未扑灭，另外两处又起火了。政府疲于救火，狼狈不堪。

研究经济学的人都熟悉亚当·斯密（Adam Smith），而他的《国富论》（The Wealth of Nations，1776 年）更是经济学经典中的经典，一提起《国富论》就会想到"看不见的手"（invisible hand），认为斯密主张自由放任（laissez-faire）的市场经济，并以此作为经济学上的《圣经》，反对政府对市场进行必要的干预。斯密认为，每个人都应利用好自己的资本，使之产生最大的价值。从主观上讲，这个人并不想增进公共福利，更不知道他实际上增加了多少公共福利，他所追求的仅仅是个人的利益所得，但他这样做的时候，有一只看不见的手在引导着他去帮助实现增进社会福利的目标，而这种目标并非是他本意想追求的东西。通过追求个人利益，却无意识地增进了社会利益，其效果比真地想促进社会利益时所得到的效果要好。斯密之所以提出了这一论断，认为人们都有"利己心"，是"利己心"驱使着人们去获得最大利益，每个人都得到了利益，那么社会也就得到了，因为所有国民需要对财富的占有从而对必需品和享用品进行消费。这就是斯密"看不见的手"的实质。

1929 年世界性的经济危机爆发了。危机先从美国开始，股市崩盘、企业破产、银行倒闭、工人失业、经济陷入大萧条，后来波及全世界的很多西方国家。这时斯密 "看不见的手" 的理论失效了。然后出现了约翰·凯恩斯，凯恩斯在 1936 年写了《就业利息和货币通论》。他说，那只 "看不见的手" 解决不了经济危机问题，经济这么萧条，股市这么低迷，失业这么严重，应该有 "看得见的手" 出面啦。他说的 "看得见的手" 主要就是指国家干预。政府没钱可以发国债，用来拉动经济，刺激经济回升。在他的书里有一个 "挖坑理论" 很著名，说：雇两百人挖坑，再雇两百人把坑填上，这叫创造就业机会。雇两百人挖坑时，需要发两百个铁锹；当他发铁锹时，生产铁锹的企业开工了，生产钢铁的企业也生产了；当他发铁锹时还得给工人发工资，这时食品消费也都有了。等他再雇两百人把坑填上时，还得发两百把铁锹，还得发工资。也就是当一国经济萧条时，政府应该出来做事，用这只 "看得见的手" ，通过发国债的方式把经济拉起来，让经济从萧条中摆脱出来。凯恩斯的理论也的确使西方国家从经济危机中走了出来。

在这次次贷引发的金融危机中，政府这只手，不仅看得见而且频频出手。

危机开始蔓延，初显身手

2007 年 8 月 1 日，澳大利亚麦格理集团旗下两只对冲基金，因美国次贷而亏损逾 50%。

2007 年 8 月 2 日，法国巴黎银行旗下对冲基金因美国次级房贷而亏损。

2007 年 8 月 4 日，中国银行宣布增加在美国次级房屋信贷的准备金额，显示危机不只是汇丰一家，而是全球整个银行业的问题。

2007 年 8 月 6 日至 11 日，欧洲中央银行、日本银行、澳大利亚储备银行、美国联邦储备局、加拿大中央银行等国央行，先后因美国的次级房屋信贷增加准备金，分别为 1158 亿欧元、1 兆日元、49.5 亿澳元、590 亿美元以及 31.5 亿加元。

2007 年 8 月 17 日，美国联邦储备委员会在美国股票市场开市前宣布调低贴现率 0.5% 至 5.75%，消息一出令欧美股市戏剧性反弹。

2007 年 8 月 31 日，美国总统布什首次就如何应对次级抵押贷款危机提出应对方案，该方案的首要重点是帮助有机会保住住房的人守住家园。

巨头巨亏，"救生索"出手

随着 2007 年三季报的披露，欧美各大投行的次贷损失纷纷显现，花旗、美林等华尔街巨头亏损尤为惨重。由于市值缩水、股东不满，不少华尔街 CEO 收到董事会下达的"逐客令"。

美国最大房贷放款人之一的华盛顿惠利银行表示，在不良房贷和证券投资影响下，他们第三季赢利急跌 75%，预测将要销账 9.75 亿美元（计提 9.75 亿美元坏账），其中包括 4.25 亿美元的贷款坏账。在欧洲，瑞士投资银行瑞银宣布 9 年来的首次季度性亏损，并将原因归咎于美国的次贷危机，瑞银 2007 年第三季度亏损 36 亿美元。

美国最大的证券经纪公司——美林证券，第三季度财务报告显示，美林在次级贷款以及抵押债券等业务上形成了高达 79 亿美元的巨额亏损，造成公司第三季度整体亏损达 22.4 美元。这是美林证券 6 年来首次出现季度亏损，也是该公司有史以来最大的一次季度亏损。独立评级机构伊根·琼斯董事、总经理肖恩·伊根指出，房屋贷款占美林业务的相当比重，因此核心议题应是美林是否还会有更多亏损。虽然美林证券称，奥尼尔离任是退休，但此举完全属于意料之中。奥尼尔在 5 年前开始执掌美林证券，倡导大力开发风险产品。有分析认为，正是这一策略导致美林在次贷危机中遭受重大损失。

世界最大的银行——花旗银行，第三季度财报显示，受坏账等信贷问题影响，花旗集团的赢利大幅度下降了 57%，净赢利为 24 亿美元，平均每股 47 美分，而去年同期净赢利是 55 亿美元，平均每股 1.1 美元。另外，随着消费信贷状况进一步恶化，该集团增加了 22.4 亿美元的坏账准备金，这一支出高于原来预期。

11 月 4 日，花旗银行集团总裁查克·普林斯在纽约召开的紧急股东会议宣布辞职，为花旗银行集团后半年的巨额亏损承担责任。这是一个月内第二位美国金融界的 CEO 主动请求辞职。

在普林斯和奥内尔之前，瑞士最大银行——瑞银集团（UBS AG）CEO 早在 7 月份就被董事会解雇。此外，其他出局者还包括贝尔斯登的联席主席沃伦·斯派特以及花旗集团的交易主管托马斯?马哈拉斯等。而其他目前还留在位置上的高管们也是如坐针毡。

大亨们纷纷"下课"，没有了华尔街叱咤风云的风光，日子还可以过得悠哉悠哉。他们的腰包并不会瘪，那个奥尼尔临走时还拿到了 1.6 亿美元"分手费"。可是，那些房贷款人，实在无法悠哉。

据统计，2007 年已有超过 220 万美国房主丧失抵押品赎回权，面临房屋被拍卖的命运。目前抵押贷款危机还有加重趋势。根据一些业内人士的估计，全美国 2008 年年初就又有 100 多万房主无法按期归还房贷。前几年美国房市火热时候，许多信用不高的美国人靠借利率高的次级贷款购房。随着房市泡沫的破裂，房屋价值大幅度缩水，许多人因资不抵债而无法按期归还房贷。

为缓解日益严重的丧失抵押品赎回权危机，美国政府联合六大抵押贷款商于 12 日推出一项计划，对于陷入困境无法按时支付贷款的住房持有者，给予 30 天的缓冲期，缓冲期内其房子可以暂时中止被拍卖，而房贷商将在此期间制订让房主们更易负担的还贷方案。

这项被称为"救生索计划"的行动，是美国政府和抵押贷款商为应对房屋市场持续低迷而采取的一项新措施。与此前只针对次级贷款市场的援助行为不同，这次的"救生索计划"涵盖所有类型的房屋贷款，包括那些可调整利率的抵押贷款。

贝尔斯登濒临破产，美联储不能袖手

次贷危机的凶险，在贝尔斯登身上显露无遗。

贝尔斯登（Bear Stearns Cos.）（纽约证券交易所代码：BSC）成立于 1923 年，总部位于纽约，是美国华尔街第五大投资银行，是美国债券市场上最大的承销商和衍生品发行商。早在 2003 年，贝尔斯登就因占领抵押保证证券业务（collateralized mortgage obligations，CMO）的主要市场，贝尔斯登（Bear Stearns Cos.）的税前利润超过高盛和摩根士丹利，成为全球赢利最高的投资银行。抵押保证证券业务是目前使用最广泛的转付债券，同时也是证券市场上利率最高的业务。贝尔斯登于 20 世纪 90 年代开始从事这项业务，目前已经成为该投行的主要业务之一。这使得近 5 年来该投行在同行中的排名一直非常靠前。

由于近年来贝尔斯登的大部分经营业务源自抵押与固定收益领域，这意味着它对美国房市危机以及随之而来的信贷危机敞口尤其庞大。

2007 年 7 月，贝尔斯登向旗下两只陷入困境的对冲基金投资者宣告，由于以次级抵押贷款为收益的 AAA 类高信用等级证券价值出现"空前下滑"，在资产回收后，上述两只基金投资者的收益将会很低，几乎"无价值剩余"。这意味着，上述两只对冲基金的投资者可能血本无归。

2008 年 3 月，贝尔斯登成为次贷危机爆发以来最令人震撼的牺牲品。

2008 年 3 月 10 日，美国股市开始流传贝尔斯登可能出现了流动性危机的消息。一些美国固定收益和股票交易员开始将现金从贝尔斯登那里提出，他们担心因为结算资金因贝尔斯登的破产申请而被冻结。其实从 2008 年 3 月 4 日开始，欧洲银行就已经停止和贝尔斯登进行相关的交易，当时惊慌的投资者开始抛售金融股。

此时，美国的几家媒体纷纷刊登贝尔斯登有可能陷入流动性危机的传闻。贝尔斯登的客户与交易对家开始对其履约能力产生了怀疑。在这个危机四伏的敏感时期还有什么比这样的怀疑更有破坏性呢？于是，贝尔斯登发生了挤兑，现金像溪水般流出，止也止不住。2008年3月14日，对冲基金的大批离场终于抽干了贝尔斯登的最后一滴血。170亿美金被抽出！170亿美元的抽离，使得传言变成了现实：贝尔斯登真的出现了流动性危机。与之同步，贝尔斯登的股票高位跳水。

恐慌，开始以惊人速度蔓延。随着大量资金不断流出，贝尔斯登变得束手无策。华尔街不再与之进行交易，来自交易对手的外汇信用额度蒸发一空，各银行纷纷撤出。到了周末，贝尔斯登如同一个奄奄一息但是五脏俱全的巨人；如果它供血充足并且血脉通畅的话，它完全可以活下来，而且会活得很好。但是在华尔街没有"如果"。可以这么说，贝尔斯登是被客户抽干血而死的，贝尔斯登在2007年11月30日负责运作和清算的客户资金还高达2885亿美元。事实上，此时的贝尔斯登已经破产。

2008年3月14日，贝尔斯登宣称，在过去24小时中，该公司的现金头寸"急剧恶化"。贝尔斯登CEO艾伦·施瓦兹（Alan Schwartz）发表声明称，该公司现金头寸恶化是对流动性危机"市场传言"的反应。"我们曾努力试图面对并驱散市场（有关流动性危机）的传言。但是，在过去24小时内，我们的流动性头寸已急剧恶化。"为此，纽约联储和摩根大通达成了紧急协议，将在28天中通过摩根大通向贝尔斯登提供融资。消息发布之后，该公司股价一度大幅下跌53%，创下历史最高跌幅。

当天摩根大通宣布，将为贝尔斯登提供所需的担保融资，最初期限不超过28天。具体操作方案是，摩根大通将从美联储借款，然后再向贝尔斯登提供为期28天的有担保贷款。具体贷款金额以及是否收取费用等则没有对外披露，但是美联储官员表示其规模似乎只与后者所能提供的担保有关，而且这笔贷款的风险将由美联储，而非摩根大通承担。摩根大通声称，美联储将通过贴现窗口向其提供无追索权的连续性融资。摩根大通同时指出，将与贝尔斯登密切合作，研究永久性筹资或其他选项。

同时纽约联储要求美国央行首先启用《美联储法案（Federal Reserve Act）》紧急预防条款，即 10b5 条款。根据该条款规定，如果任何一家美国公司无法通过其他渠道筹集资金，而该公司的破产倒闭又将威胁美国整体经济，那么华盛顿将向其提供融资。过去 50 年之中，该条款一直未获启用。

"美联储和摩根大通的联合行动是为了避免恐慌在华尔街的进一步蔓延，"保德信集团的首席投资战略师朴文（John Praveen）在接受媒体记者采访时说，"这样会对美国整个金融系统造成沉重打击。"

布朗资金管理公司（Brown Capital Management）的董事总经理张韵表示："美联储采取了非常积极的步骤，如果美联储对贝尔斯登的困境置之不理，整个次贷市场的资产会更加下跌，金融系统的恐慌怎样延伸很难预料。"

美国财政部长保尔森 16 日表示，他支持美联储救助贝尔斯登的举措，认为美联储采取了适当行动。保尔森当天在接受电视采访时说，美联储采取了适当行动同市场参与各方协作，以尽量减少财务危机带来的影响。他认为，美联储救助贝尔斯登公司，从而避免了其他金融公司乃至美国金融体系可能遭受的更大损害。保尔森表示对美国金融市场摆脱目前混乱状况的信心，认为美国经济仍具有恢复活力的能力，同时认为强势美元符合美国的利益。

显然，救助贝尔斯登是美国的政府行为，华盛顿已经完全明白这场危机已经不仅仅是华尔街一个街区的事情了。政府，这只"看不见的手"已经成为"看得见的手"，不仅如此，而且频频"出手"。

早在 2008 年 2 月 19 日，美联储推出一项预防高风险抵押贷款新规定的提案，这是次贷危机爆发以来所采取的最全面的补救措施。

2008 年 3 月 7 日，美联储宣布两项新的增加流动性措施，一是定期招标工具，二是决定开始一系列定期回购交易。

2008 年 3 月 11 日，美联储再次联合其他四大央行宣布继续为市场注入流动性资金，缓解全球货币市场压力。

2008 年 3 月 17 日，美联储意外宣布调低窗口贴现率 25 个基点，到 3.25%。

2008 年 3 月 19 日，美联储宣布降息 75 个基点，并暗示将继续降息。至此，自 2007 年 9 月以来，美联储通过连续 6 次降息，已将联邦基金利率累计下调了 3 个百分点。6 个月内美联储 6 次降息幅度高达 300 个基点，彻底颠覆格林斯潘每次调整利率 25 个基点的"25 厘智慧"，不可谓不激进。为何如此？18 日美联储发表的声明中露出端倪："最近一系列数据显示，美国消费支出增长缓慢，劳工市场需求不振，金融市场继续面临压力"，"美国经济下行风险依然存在"。而华尔街第五大投行贝尔斯登被"过火"贱卖，更令美联储担心次贷危机还将以难以预料的方式扩散、恶化。华尔街普遍认为，次贷危机甚于 1987 年股灾，堪比 1929 年经济大萧条。美联储已经意识到，一个非传统性的危机需要非传统性的应对之道。后来的事实证明，美联储紧盯住流动性不足，采取"头痛医头、脚痛医脚"的思路是不明智的。

"两房"陷入困境，政府被迫接手

自从次贷危机爆发来，"两房"就一直处于这场危机的漩涡中心。

房利美和房地美分别成立于 1938 年和 1970 年，属于由私人投资者控股但受到美国政府支持的特殊金融机构，它们是美国两大住房抵押贷款融资机构，持有或担保约 5 万亿美元住房抵押贷款，占全美国 12 万亿美元抵押贷款的 42%；其中超过 3 万亿美元为美国金融机构持有，1.5 万多亿美元为外国机构持有。其主要业务是从抵押贷款公司、银行和其他放贷机构购买住房抵押贷款，并将部分住房抵押贷款证券化后打包出售给投资者。两家公司是美国住房抵押贷款的主要资金来源。

房利美与房地美，既是两家私人所有的上市公司，又是"准国有企业"。实际上两房承担着某些政府机构职能，它们以这种"准国有"身份享受着特权，包括可以免交联邦和地方政府的各类税收，享受来自美国财政部的信贷支持。在资本金规模这一重要的抗风险指标上，政府监管很宽容。截止到 2007 年底，房利美与房地美两家公司的核心资本共计 832 亿美元，而这 832 亿美元支撑着两家公司 5.2 万亿美元的担保和债务。因此有人说，即使资产组合发生对资产总量而言不太严重的账面损失，"两房"都可能发生危机，可见其本身抗风险能力的脆弱。

"两房"带着政策机构的标签，市场假定美国政府对它们有隐含担保，信用评级机构视之为准主权债券，给予 AAA 的最高评级，使它们能以极低的利率借入资金。同时，"两房"还享受一些税务优惠。

"两房"的赢利模式其实十分简单，依靠政府名声拆入资金，买下银行的按揭业务，包装后以按揭物业为抵押，发行按揭抵押证券（mortgage backed security）。"两房"担保抵押债券能按时支付，这些债券也因此卖出更好的价钱。"两房"的存在和运作，促进了美国房地产市场的发展，也降低了银行的风险。由于"两房"的借贷成本低，获利一向丰厚，在竞争中颇具优势，占据了美国按揭证券市场的半壁江山。

政府的隐含担保和市场上的龙头地位，使得"两房"业务迅速扩张，资产负债表更有爆炸性增长。至 2007 年年底，这两家按揭公司拥有或担保了近 5.2 万亿美元的债务，而它们的核心资产加起来不过832 亿美元。换言之，"两房"的杠杆比率达到 65 倍。这种负债比率在一般金融机构是很难想象的，更难维持 AAA 的信用评级。

但是市场无视这些风险，视"两房"所经营均属优质按揭，并不涉及次贷或 Alt-A。尽管局部地区房地产曾有过调整，甚至重大调整，房利美成立以来的 60 年中，美国没有一年出现过全国性的房价下跌。

真正的问题出在"两房"并不满足于只赚属于自己的钱。上市公司的赢利要求、董事会的自身利益、泛滥的流动性和看起来只升不跌的房市，令按揭公司迈出了导致后来踏空的一步。房利美和房地美于20 世纪末先后开始买入由其他私人机构发行的按揭证券。1998 年房地美拥有 250 亿第三者发行的按揭证券，至 2007 年规模已经达到2670 亿美元。同期房利美的第三者按揭证券由 185 亿美元升至 1278

亿美元。理论上讲，经营第三者按揭证券与自己发行的差别不大，都是低价吸入资金，再买入证券化按揭，赚取息差。但是第三者证券中却包括了次贷等高风险的资产。不久地产市况逆转，按揭贷款者断供，坏账不断上升。次贷仅占"两房"投资组合中很小的一部分。然而65倍的高杠杆，意味着投资的任何差池都会被放大，随时威胁到本来就不充分的资本金。资本充足率不足，诱发市场对"两房"前景的担忧，融资成本急增，信用评级可能被调低，甚至出现融资困难。

事实上"两房"有事，一季度已现端倪。尽管房价下跌，金融资产缩水，它们却没有按照市场惯例计提拨备，也没有以市价重估资产市值，而是强调市况动荡难以取得公允价值。对于已经停止供款的按揭，并没有作坏账处理，而是选择自己代付利息，以方便坏账继续挂账。两家按揭公司2007年已经撇账50~60亿美元。如果以市场现价作公允价值，据独立分析机构CREDITSIGHTS计算，房地美净资产第一季度降至−52亿美元，技术上已经破产，房利美也在破产边缘挣扎。

到了2008年7月，房地美和房利美情况更加恶化。

2008年7月11日，美国第二大独立抵押贷款银行IndyMac倒闭，成为次贷危机下牺牲的第五家金融机构。

2008年7月13日，美国财政部和美联储联手推出了拯救美国抵押贷款业两大巨头——房地美和房利美的计划，其中包含了向这两家公司直接提供贷款和买入其股份在内的一系列措施。美国财政部长保尔森当天也宣布，为避免系统性风险，财政部正力争向两家机构提供财政资金支持。

2008年7月14日，索罗斯称当前金融危机是其一生中碰到的最严重的金融危机。

2008年7月18日，房地美和房利美两家公司股价今年的跌幅超过了70%。

2008年9月7日，美国财政部召开临时记者会，宣布将美国两大房贷机构美国联邦国民抵押贷款协会（房利美）和美国联邦住宅贷款抵押公司（房地美）暂时纳入政府监护管理，并撤换"两房"高管。

这项计划被视为是美国史上最大的政府介入金融市场行动。即将监管二房的联邦住房金融局局长詹姆斯·洛克哈特在记者会上表示,政府监管将让两家公司有时间回复健全状态,提供房市稳定与贷款市场流动性。财政部长保尔森在洛克哈特之后表示,根据过去四周来状况以及金融市场今日情况,"我的结论是,财政部只以两家公司目前形式进行股权投资是不符合纳税人最佳利益的"。保尔森强调,政府采取行动,是因为房利美与房地美对金融体系影响庞大,任何一家倒闭都会导致美国国内与全球的金融市场大动荡;两家公司倒闭,也会影响美国人取得房贷、车贷与其他信用的能力。他表示,美国经济与市场要到房市危机渡过才会复苏,而房地美与房利美在房市转机中占重要角色。

美联储主席伯南克则随后发表声明,表示支持这项行动。他说:"这些必要行动将有助强化美国房市与促进我们金融市场的稳定。"

对于政府接管两大房贷机构,美国外交关系委员会高级研究员布拉德·塞泽尔认为,美国政府绝不会轻易让这两家机构倒闭,因为如果房利美和房地美破产,将促使各国央行下决心抛弃美国政府债券和美元资产,这对美国金融体系的打击将是致命的。

以"两房"为主的美国住房金融体系,其精巧设计曾经令无数研究房地产金融的学者赞叹不已,这个体系也是美国以市场为主导的金融结构的重要标志。该体系的巧妙之处在于通过"两房"这个中介使美国房地产金融的风险被分散到全球投资者。这个机制在它创立之后的半个多世纪里一直运行良好,历经了20世纪60年代金融"脱媒"的考验、70年代美国经济滞胀和80年代储贷危机的洗礼。令人遗憾的是,这个精巧的设计没有能够经得起"次贷危机"的冲击。

超级大营救,空前大出手

2007年4月2日,美国第二大次级抵押贷款机构——新世纪金融公司向法院申请破产保护,这是美国房市降温以来最大的一起次级抵押贷款机构倒闭案。冷眼旁观这宗破产案的美国政府显然没有料到，这才是个开始，一场次贷风暴逐步将美国拖入"百年一遇"的金融危机漩涡之中。

次级贷款引发的风险刚刚开始暴露之时，美联储还认为只是个别机构的非系统风险。2007 年 7 月，贝尔斯登所属对冲基金爆发风险，全球股市暴跌。8 月 9 日，在欧洲央行注资行动的推动下，美联储才采取措施干预进行注资。即使如此，美联储当时仍然认为这仅仅是市场事件，而非宏观事件。

股市暴跌、经济下滑风险加剧，美联储被迫于 9 月放弃了实施两年之久的紧缩货币政策，进入"降息周期"阶段。此后连续 7 次降息，其中 2008 年 1 月 22 日降息幅度为 75 个基点，为 23 年以来最大。但是这仍然无法根治信贷紧缩、金融机构惜贷现象，美国房市继续低迷。

2008 年 3 月，美国第五大投资银行——贝尔斯登濒临破产，在美国政府的担保下，摩根大通并购贝尔斯登。通过这些措施，美国政府暂时安抚了投资者。

2008 年 7 月 23 日，美国财政部宣布斥资 3000 亿美元救助美国两大住房抵押贷款融资机构——"房利美"和"房地美"。这一次是美国政府最为直接的一次救市。对于这次拯救行动，保尔森很无奈地坦白说："房利美和房地美规模太大，与我们（美国）的金融体系交织过于紧密，任何一家破产都会导致国内甚至全球的金融市场极大动荡。"

2008 年 9 月 7 日，美国政府宣布接管"两房"，以避免更大范围金融危机发生。然而就是这次救赎引发了一场争论。反对者认为，其一，美国一直以来奉行自由市场原则，这类举动破坏了美国金融自由化的监管传统。其二，纳税人的钱为何未经国会同意，便"曲线"救助因"贪婪"而陷入困境的金融机构。

2008 年 9 月 16 日，美联储向 AIG（美国国际集团）提供 850 亿美元紧急贷款，确保满足美国国际集团的流动资金需求。AIG 由此成为有史以来美国政府救助的最大一家私人企业。美联储在一份声明中说，美国国际集团倒闭可能导致借贷成本上升、经济活动进一步萎缩，给本来已经脆弱的金融市场和经济造成伤害，美联储不得不救。同时，一场大规模的救赎计划"火速"展开。西方国家6大央行联合注资1800亿美元，美国政府拟成立专门接盘银行体系的不良资产，并且禁止对799只金融股做空。

2008年9月20日，美国政府向国会提交了一项总额达7000亿美元的金融救援计划，要求国会赋予政府广泛权力，来购买金融机构不良资产，防止金融危机加深。这是自20世纪30年代经济大萧条以来，美国政府制定的最大规模的金融救援计划。"当我认识到问题有多么严重之后就决定要大胆地采取行动。最终出台的金融救援计划必须强有力，从而足以解决问题。"美国总统布什当天表示。

至此，美国政府的危机处理政策，从安抚转为大规模干预。

2008年10月3日，美国国会众议院以263票对171票的投票结果通过了经过修改的大规模金融救援方案。美国国会参议院已于1日通过这份总额达7000亿美元的救市方案。布什赞扬众议院当天通过救援方案，称该方案对帮助美国经济抵御金融风暴意义重大。他说，他信仰自由市场制度，认为政府只在必要的时候才进行干预，这份救援方案代表了政府为缓解不断扩大的信贷危机所采取的"决定性行动"。

在美国国会参议院高票通过修订后的政府救市方案后，纽约三大股指依然再次暴跌。至收盘时，道琼斯工业指数已由当天最高的10796点跌落至10324点，最终较前一交易日下跌158点，跌幅1.5%。标准·普尔五百指数和纳斯达克指数也由早盘的上涨转跌，均以小幅下跌收盘。分析人士认为，救市方案靴子落地令华尔街得以喘息，但对经济前景的担心引起股指下跌。美国政府当天公布的数据显示，九月份美国新增失业人数创下五年来新高，失业率则高达6.1%，比2007年同期高了1.4个百分点。经济数据越来越不容乐观，加剧了人们对于美国经济前景的担忧。

《第三章（上）：金融，树欲静而风不止》，是作者委托肖文宏先生撰写，核心提示由作者提供。

第三章 金融危机纪实与漫画

（下）次贷危机漫画

核心提示：金融及危机是个严肃话题，与漫画并无直接联系，也并非漫画的最好题材，然而导致此次金融危机的原因如此荒诞可笑，简直难以理喻，只能用漫画来表示。笔者的用意是让读者通过轻松诙谐的漫画了解此次金融危机形成的一个重要原因：无知、贪婪、荒诞和欺诈。

新锦容宣言·XinJinRongXuanYan

在房屋抵押经纪人处……

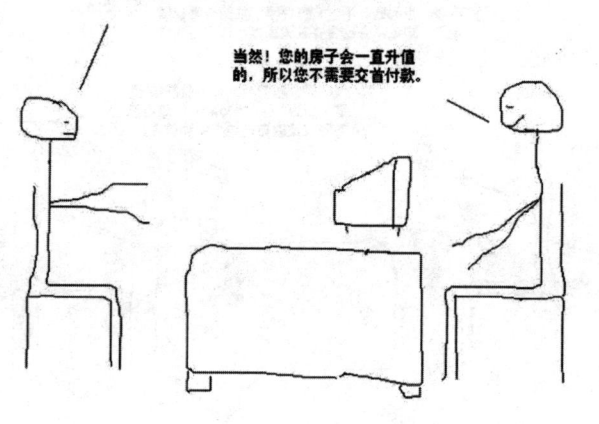

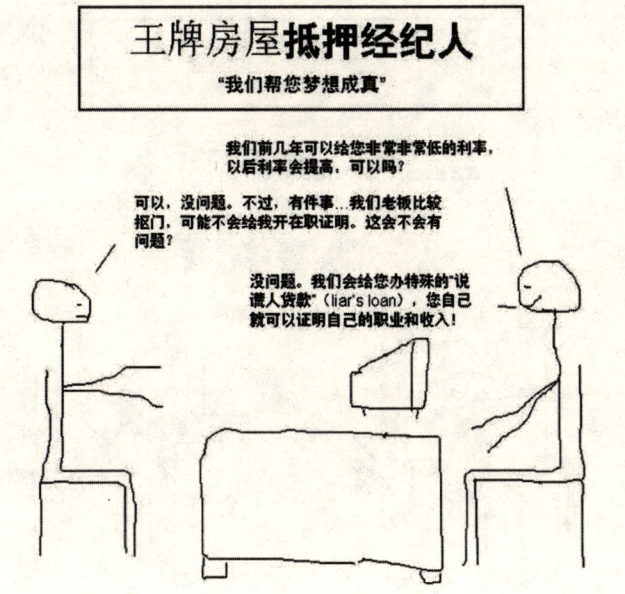

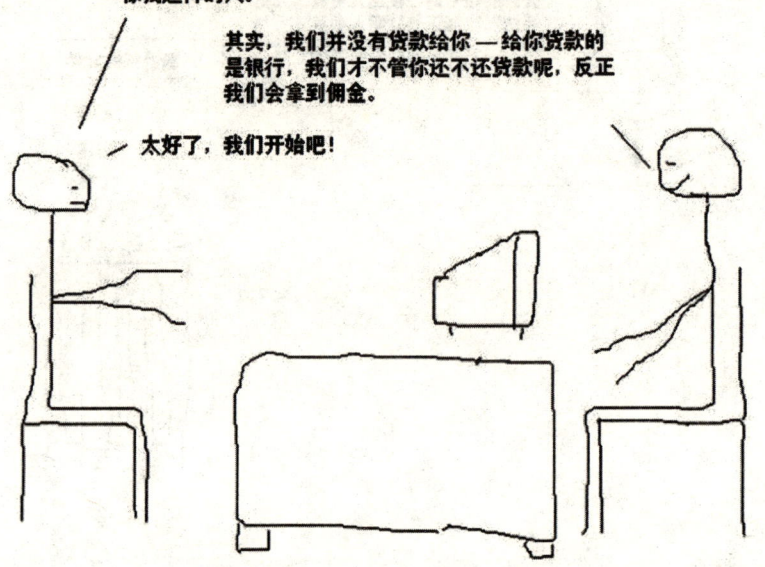

王牌房屋**抵押经纪人**
"我们帮您梦想成真"

你们这些抵押经纪人真奇怪，竟然愿意贷款给像我这样的人。

其实，我们并没有贷款给你 — 给你贷款的是银行，我们才不管你还不还贷款呢，反正我们会拿到佣金。

太好了，我们开始吧！

几周后，在银行……

Bankland 第一银行
"马上开设您的圣诞节俱乐部帐户"

我最好把这些不良抵押贷款给弄出去。别让它们在我这儿变臭。幸好纽约那些真正的聪明会买这些贷款，然后用它们变金融魔术。我马上给他们打电话！

新的抵押文件

我们看看那些聪明人会怎么做……

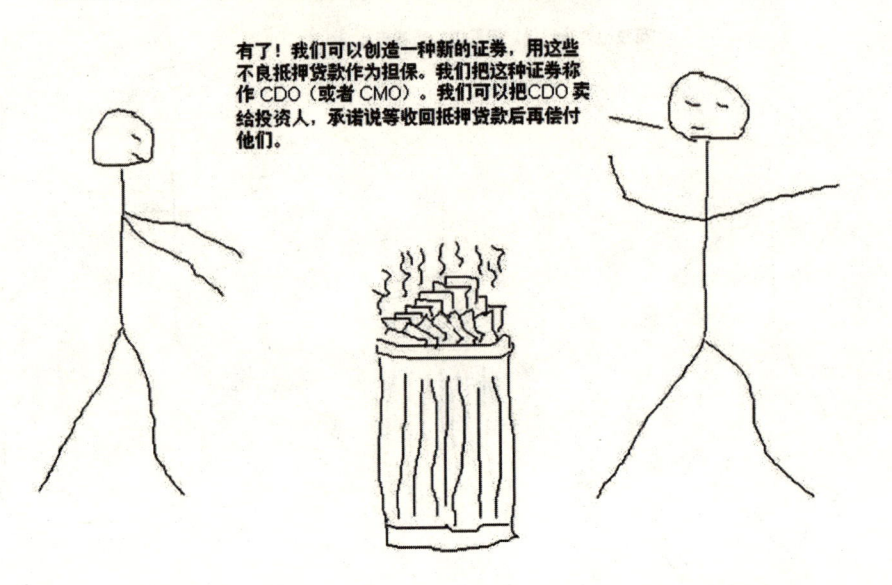

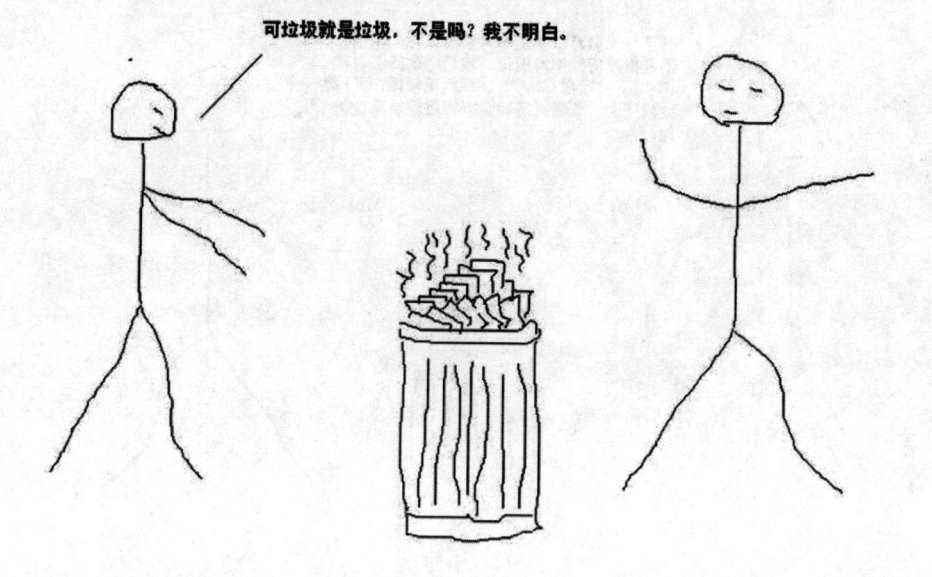

华尔街 RSG 投资银行
"职业理财师满足您的所有投资需求"

当然，单个来看这些纯粹是不良贷款，但是把它们放在一起就不一样了，其中只有一部分可能成为坏账 — 当然不是全部。房价一直在涨，所以我们不用太担心。

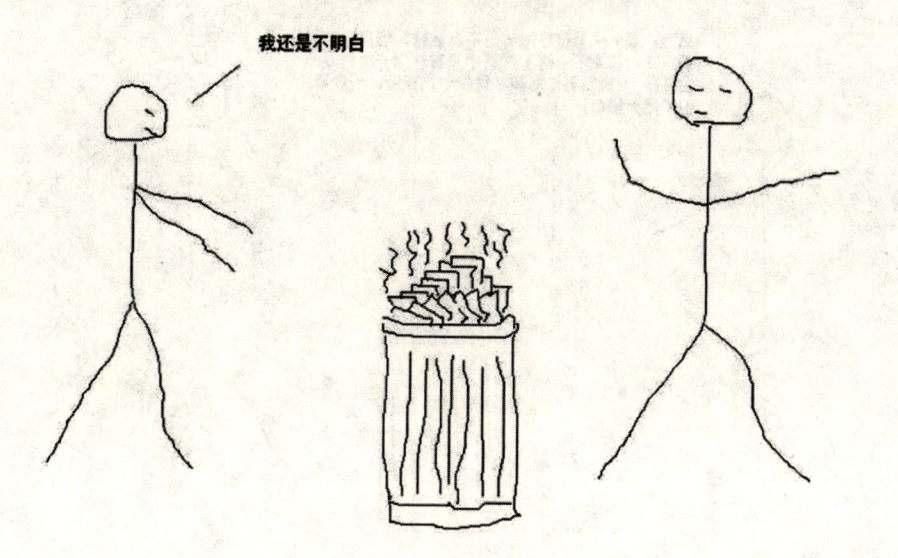

华尔街 RSG 投资银行
"职业理财师满足您的所有投资需求"

如果有些抵押贷款无法收回，当然肯定会有这种情况，我们会承诺首先偿付持有"优秀"证券的投资者，其次是"良好"类证券持有人，最后是"不良"证券的持有人。

华尔街 RSG 投资银行

"职业理财师满足您的所有投资需求"

我明白了，"优秀"证券投资者面临的风险最低，因此我们给他们的利率也应该比其他投资者低，"良好"证券投资者获得的利率稍高些，那些"不良"证券的投资者则可以多给他们些利率，是这样吗？

华尔街 RSG 投资银行
"职业理财师满足您的所有投资需求"

非常正确。不仅如此，我们会为"优秀"证券购买证券保险。这样，评估机构就会为这些债券提供很高的评估，从 AAA 到 A 不等。"良好"证券也可以获得从 BBB 到 B 不等的评估，事实上也很不错。至于"不良"证券，完全可以不评估嘛！

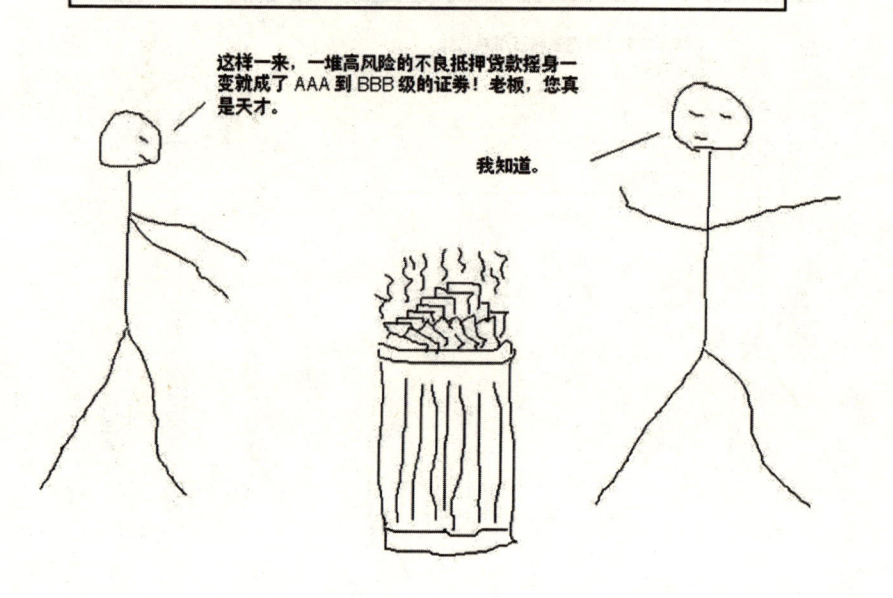

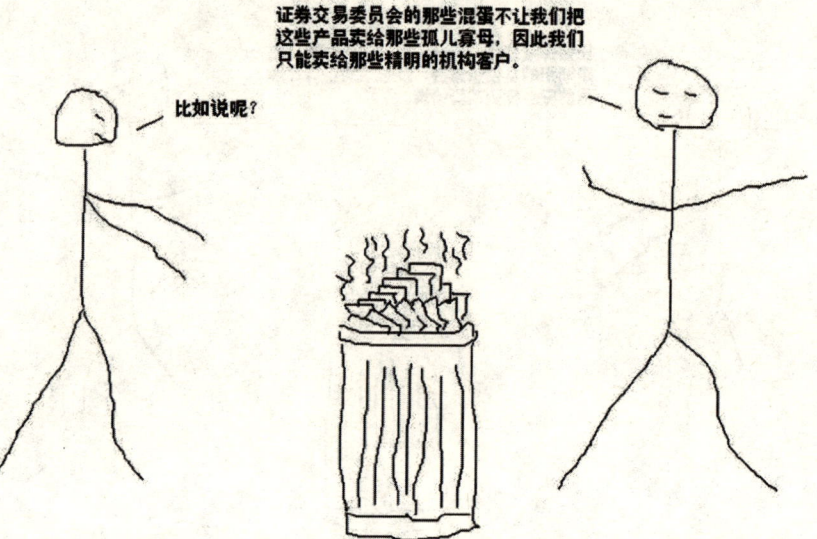

华尔街 RSG 投资银行
"职业理财师满足您的所有投资需求"

比如保险公司、银行、挪威的小城镇、堪萨斯州的学校董事会，反正谁想进行高质量的安全投资就卖给谁。

华尔街 RSG 投资银行
"职业理财师满足您的所有投资需求"

但是没有人会买那些高风险债券啊？

那样的傻冒倒确实挺难找。但我们可以
保留那些债券，利率也是相当可观的。

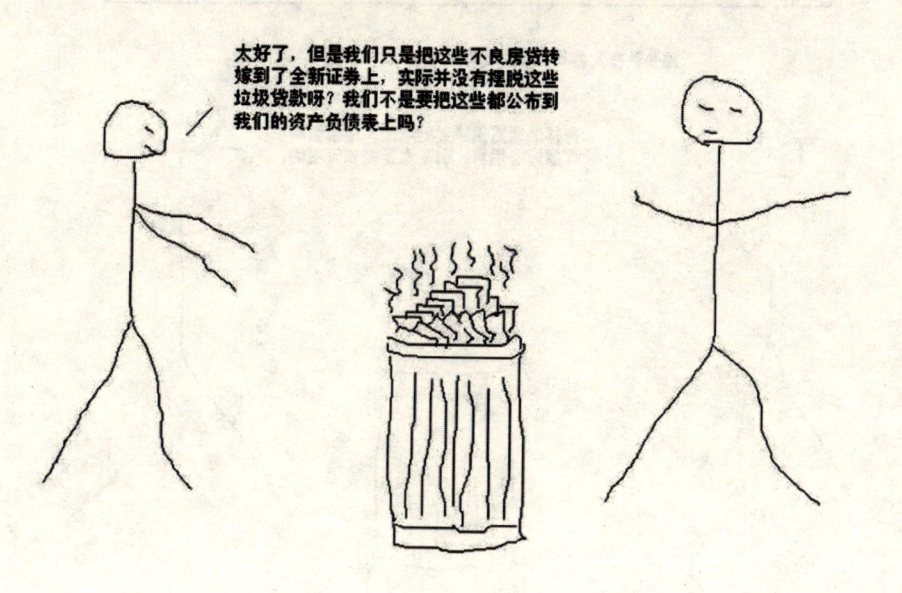

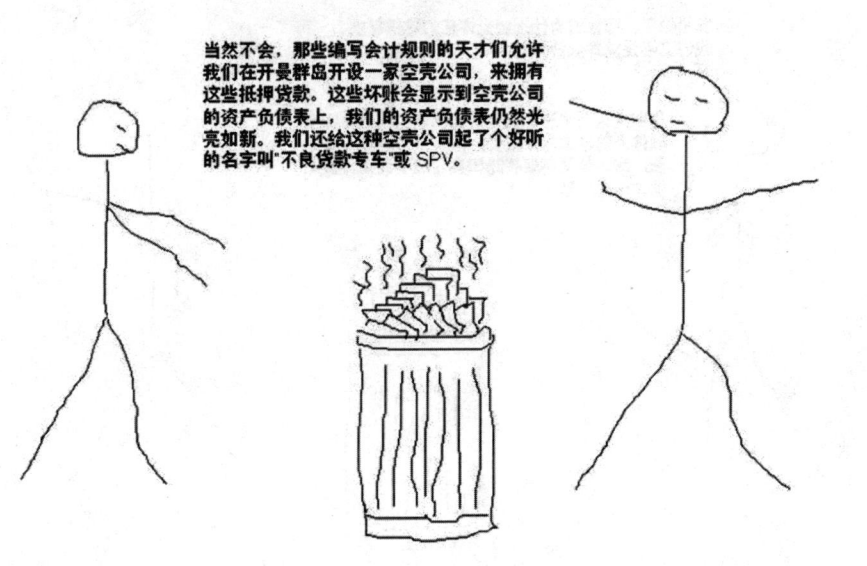

华尔街 **RSG** 投资银行
"职业理财师满足您的所有投资需求"

当然不会，那些编写会计规则的天才们允许
我们在开曼群岛开设一家空壳公司，来拥有
这些抵押贷款。这些坏账会显示到空壳公司
的资产负债表上，我们的资产负债表仍然光
亮如新。我们还给这种空壳公司起了个好听
的名字叫"不良贷款专车"或 SPV。

华尔街 RSG 投资银行
"职业理财师满足您的所有投资需求"

真是绝了，那他们为什么会允许我们这样做呢，
我们这不是掩耳盗铃吗？

是有这么点意思，但我们告诉他们这对美国金
融体系的健康非常重要，而且投资者被蒙在鼓
里，对这些复杂的转账和背后的不良抵押贷款
根本一无所知。

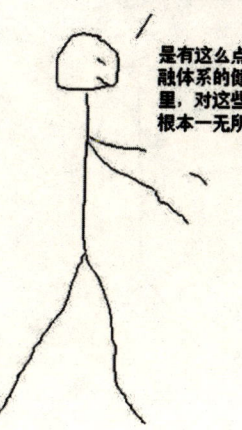

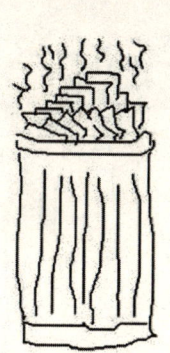

我们再来看看会计师的所作所为……

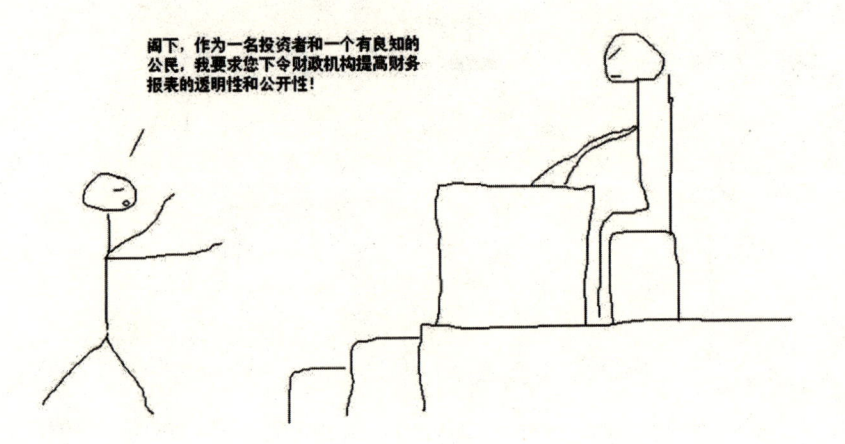

沙皇会计办事处
"防傲杜渐"

阁下，作为一名投资者和一个有良知的公民，我要求您下令财政机构提高财务报表的透明性和公开性！

老天啊，这是什么世道？

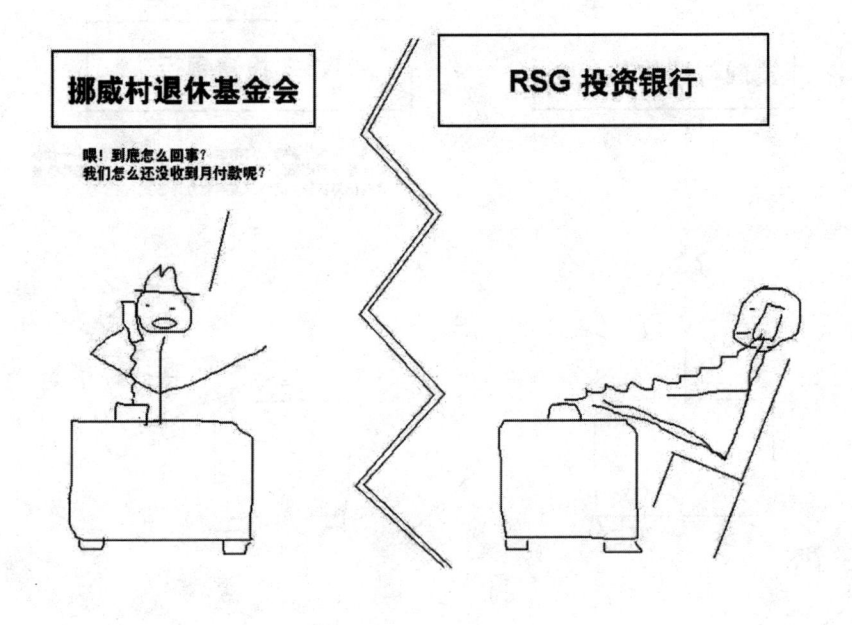

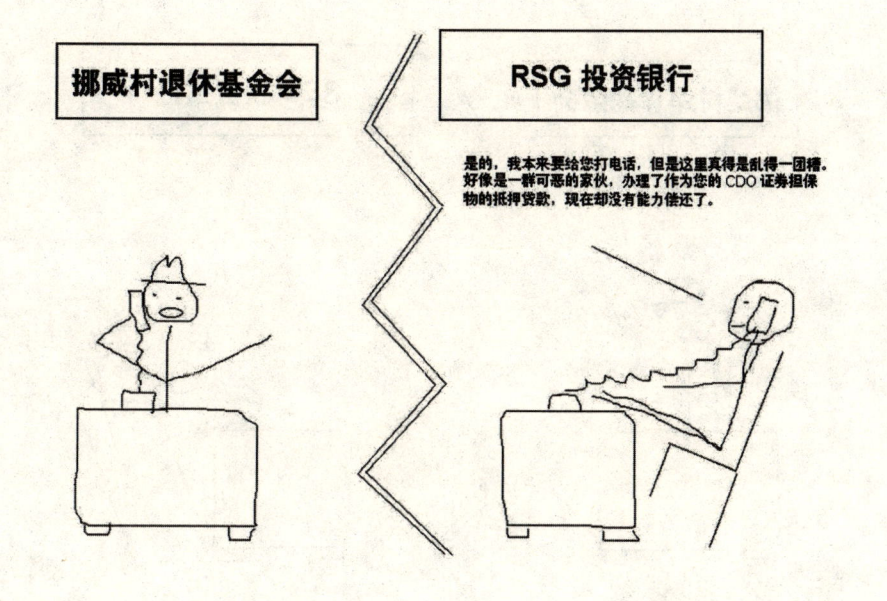

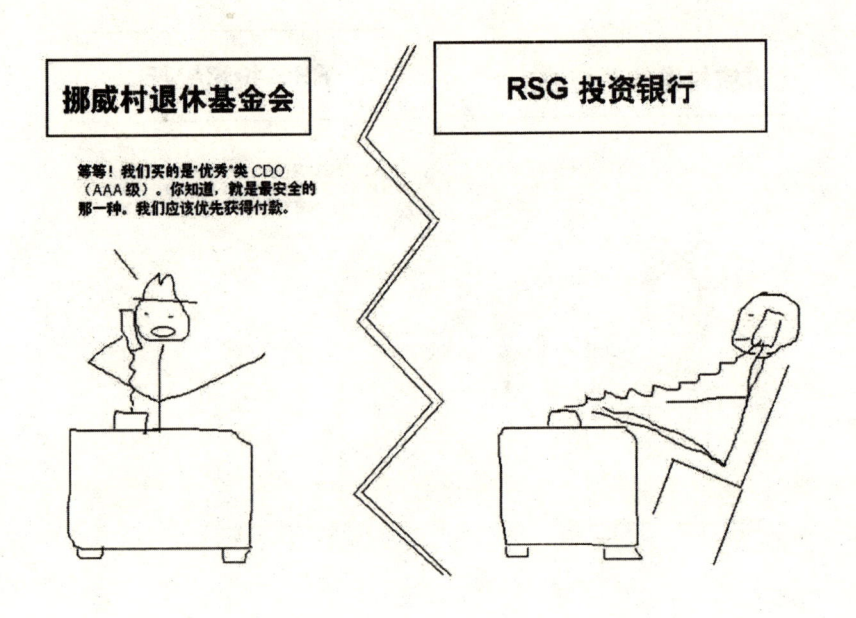

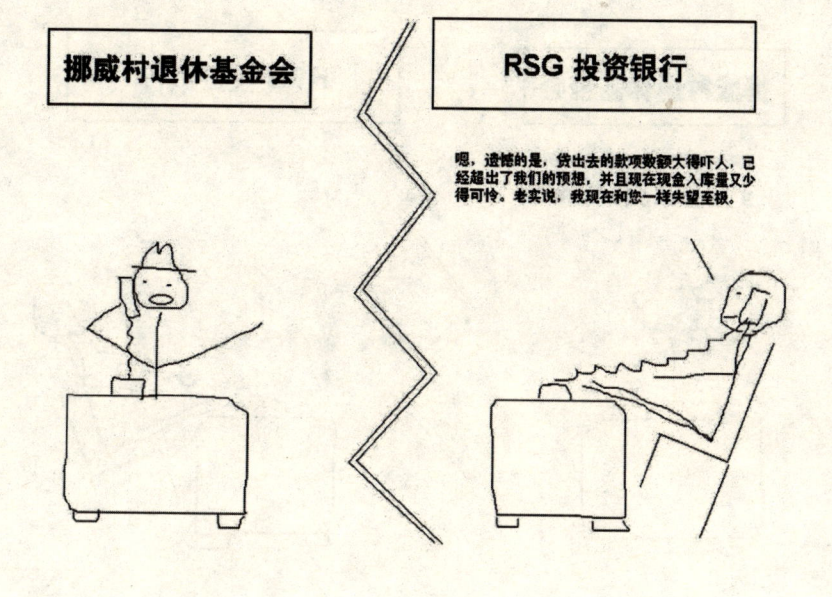

挪威村退休基金会

RSG 投资银行

嗯，遗憾的是，贷出去的款项数额大得吓人，已经超出了我们的预想，并且现在现金入库量又少得可怜。老实说，我现在和您一样失望至极。

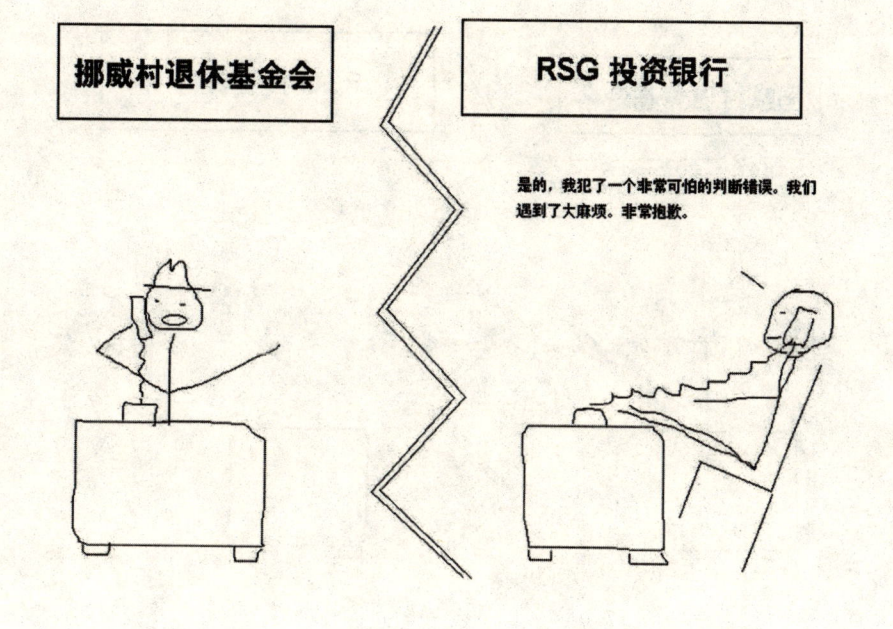

挪威村退休基金会

RSG 投资银行

是的，我犯了一个非常可怕的判断错误。我们遇到了大麻烦。非常抱歉。

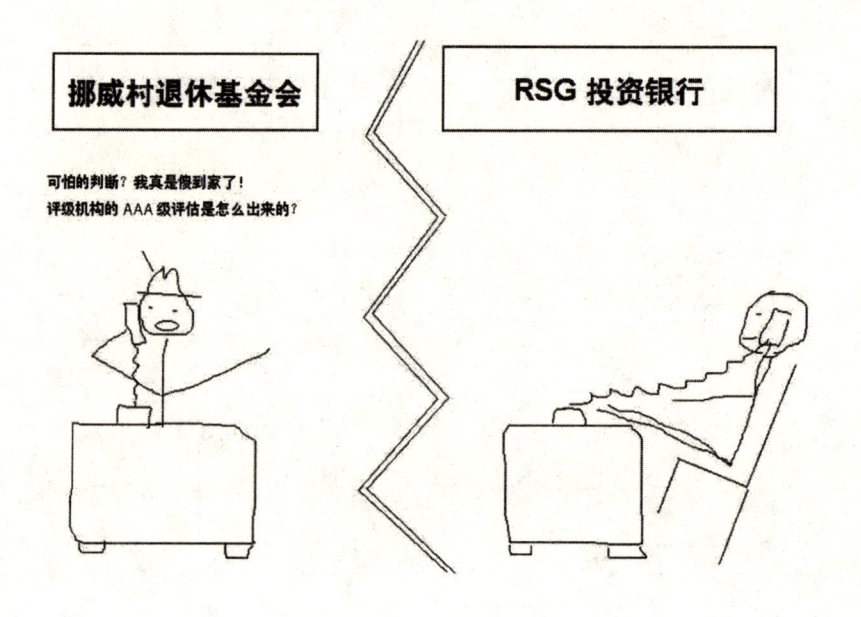

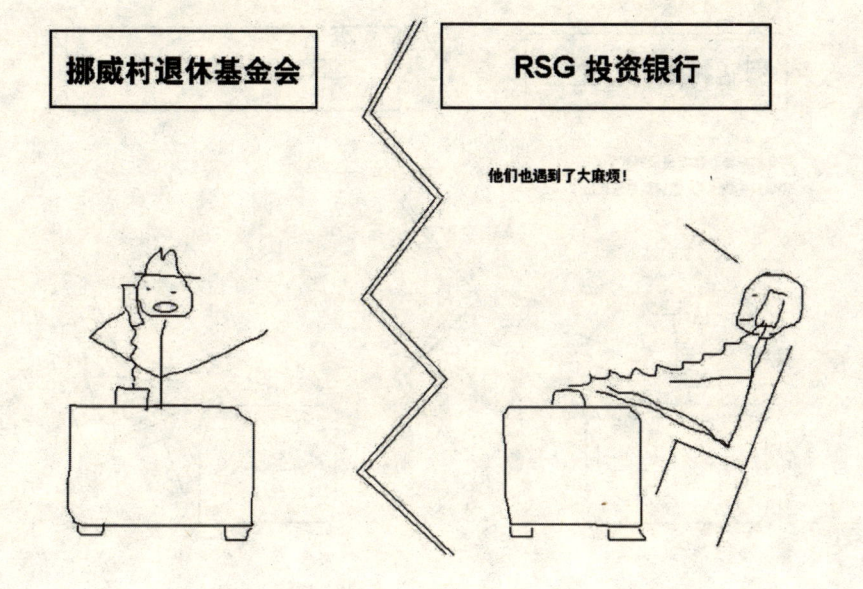

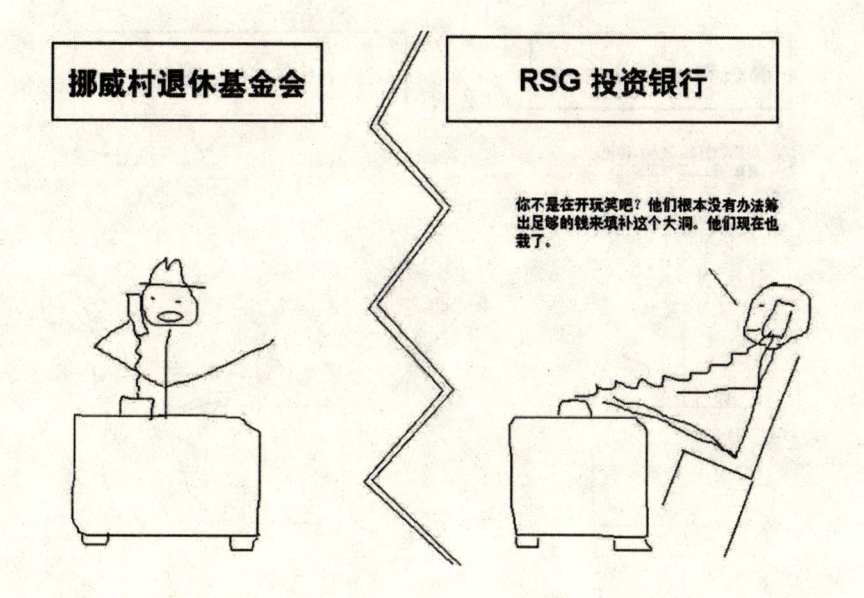

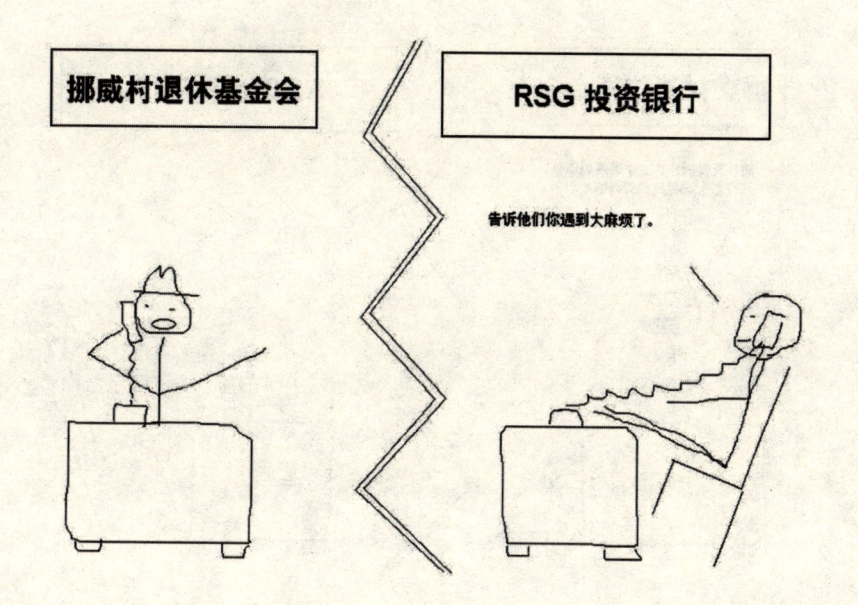

结 束

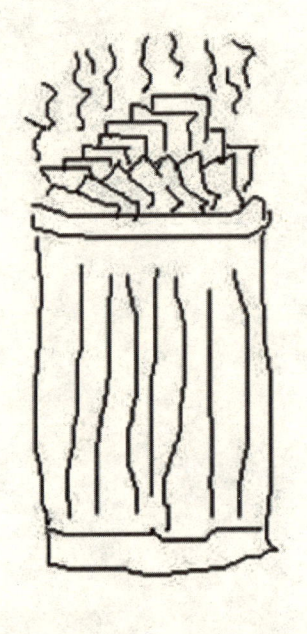

*该漫画是一位美国朋友提供并授权使用的英文漫画，本书作者让人译为中文以方便中国读者阅读。

第四章 金融树，昭示新金融

　　核心提示：树乃天地规律的集大成者！这一发现可能是人类历史上最伟大的发现。树，以全维的方式与宇宙万物互动，无事不知，无所不晓。并非所有科技发明都代表人类进步。如果我们不愚蠢，我们可以让树启迪人类思维，让树的智慧、规律、逻辑和记忆向我们提供各种各样有用的知识，使我们既可通晓过去，也可预卜未来。"金融树"正是通过树揭开了金融与危机变化无常的神秘面纱，找到了金融的唯一系统规律。

第一节 "金融树"的魅力
——访国际著名金融专家丁大卫教授

核心提示：

能够深刻认识到金融整体是一个系统的人已经凤毛麟角，能够将这种系统性用一棵形象的"金融树"表述出来，让普通人可以清楚地理解，这更是划时代的伟大贡献。毫无疑问地说，"金融树"体系、系统金融学、金融生态学的发明创造足以震撼全世界。

研究经济问题和金融问题实际上就是研究未来，研究如何将未来的风险锁定，转移。然而未来充满未知，因而对未来作出定性甚至定量的分析，这是人类面对的最大挑战。如果能够在事情发生时前瞻性地预见到它的未来，这是最有价值的。

——摘自丁大卫《挑战未来——国际金融专家预言中国经济》

2007 年 5 月，在北京召开的一次国际金融大会上，本报记者有幸见到并聆听了世界金融界鼎鼎大名的丁大卫教授关于"金融树"理论的演讲报告。当时，同其他中外听众一样，记者也被丁教授将复杂难懂的金融知识演绎为浅显易懂、让人易于接受的"金融树"理论深深吸引。20 多年来，丁教授呕心沥血发明创造了"金融树"理论体系、管理体系及教学体系，震撼着全世界。"金融树"理论是如何将错综复杂、抽象深奥的金融知识演绎为通俗易懂的金融知识？"金融树"理论产生的背景、作用及效果如何？"金融树"理论的前瞻性是什

189

么？以及"金融树"将来的发展趋势等，带着各式各样的疑问，记者采访了丁大卫教授。

记者："金融"和"树"，常人看来是不搭边的两回事，在您那里神奇地融为一体，您这奇思妙想的最初灵感是怎么来的？

丁教授：20 世纪 80 年代，我在美国攻读金融并考取了几乎所有的营业执照，起初，同别人一样，面对错综复杂、杂乱无章的金融、财会知识，我也曾长期困惑、苦恼过。但悟性告诉我任何事物都有规律性，且自然的方法是最好的方法，因为自然界存在的时间要比我们人类久远得多，自然界是我们人类赖以生存的环境，人类的历史就是不断探索、学习和遵循自然规律的历史。人类的认识过程和目的就是不断地从主观变为客观。在北欧神话中，有一棵叫伊格德拉西尔的世界树，它连接着天与地，从树根朝上看就像是树连接着天空和大地。事实上，树是地球上存活时间最长久的物种之一（据说世界上现在还活着的最古老的一棵树已经有 9000 多岁了），也是自然规律的集大成者，并且能最好地向人类揭示和展示这些规律和变化。于是，我便独自踏上了一条看不见目标和终点的自然探索之路。经过多年的不懈努力，终于发现了"金融"与"树"的奥妙关系。

的确，在常人看来，"金融"与"树"是风马牛不相及的两回事。但如果你对"金融"和"树"有深入的研究和足够的认识，你就会发现，二者在包括内部结构、发展形式、变化规律、外界影响、风险特征、系统性和相关性在内的几乎所有方面如出一辙。首先，"金融树"的名称来自英文 Financial Tree。我们知道树是由树根、树干和树冠三部分组成。会计（Financial Accounting）是一切经济/商业活动的语言和准则；财务管理（Financial Management）是企业管理的核心；金融产品/市场/流动资产（Financial Markets / Products）是企业关注的重点。同样"金融树"也是由树根（会计准则）、树干（财务管理）和树冠（金融市场/产品）三部分组成。我们还知道，没有树根，就不会有树干，没有树干，就不会有树冠。三者是按序生长、相互依存、相互影响、密不可分的动态统一体。同样，没有会计准则，就不会有财务管理，没有财务管理，就不会有金融产品/市场，三者也是按序发展、相互依存、相互影响、密不可分的动态统一体。如果一棵树的根基不牢，整棵树就有可能被风刮倒；同样，如果一个企业的根基（会计准则）不牢或出现问题，整个公司都有可能倒闭。若要枝叶繁茂，必须先根深；同样，若要市值最大化，首先要根基最大化。有些树的枝叶长"疯了"，就要适当地"打顶"，有些股票价格长得过快过高，也要适当地"打顶"。"金融"与"树"之间的这种千丝万缕般的密切关系，不仅体现在从树根到枝叶的整棵树，从会计原理到衍生证券的整个金融和企业管理领域，而且延伸到它们存在的环境和空间。

进而言之，企业管理、经济管理、金融管理就是对资产的管理。然而，资产的性质、变化规律及资产负债平衡表的特点不仅与树的性质、变化规律和特点完全一样，而且没有也不可能有更形象、更合适的表现形式了。此外，事物的发展形式，包括知识、学科以及知识体系的形成、积累，往往呈现出树状结构，当然，获取它们的最好方法也应是树状结构。这样，你就可以将整体与局部、点与面、框架与细节及其相互关系等看得一目了然。

记者：能够深刻认识到金融整体是一个系统的人已经凤毛麟角，能够将这种系统性用一棵形象的"金融树"表述出来，让普通人可以清楚地理解，这更是划时代的伟大贡献。按照自然的规律、层次、结构、逻辑，您能将影响企业、行业乃至国家的所有因素，如会计准则、财务、资产负债表、账面价值、评估价值、利润、市值、市盈率、风险因素、汇率、资本市场、股票、债券、期货、期权、管理团队等，统统系统集成到一棵可视化的"金融树"上，让人实实在在地看到它们之间的关系、作用、逻辑和变化，这简直是出神入化，妙不可言。您是如何设计发明出这种博大精深、深入浅出、通俗易懂的系统体系？您的灵感来自何方？

丁教授：来自宇宙、地球的系统性。宇宙是一体的，地球也是一体的，因此，任何人类已知的事物都不是也不能孤立存在，万物是相通的。事物存在的环境就是它们存在的体系或系统。这些体系或系统左右着事物存在的状况。即使是万物生长所依赖的太阳也是如此，太阳存在于太阳系中，并被太阳系（统）的规律所左右。既然如此，任何事物都有它的内在和外在规律（太阳和地球也要按照各自的规律和公律运转）。人类一旦掌握了这些规律和特点，就可以把事情办好，否则就要出问题。比如，一个人触犯了党纪国法（纪律、法则），就很有可能受到制裁；一个企业违反了会计准则、规律，也要受到处罚；一个国家若不能按照经济规律运转，就有可能爆发经济、金融危机；人类不断破环自然规律的行为，正在不断遭到地球法则的惩罚。

任何事物都具有一定的系统性，而且很多事物是很多系统（综合作用）集成的结果。比如，人体是由呼吸系统、心脏系统、消化系统、免疫系统、神经系统、内分泌系统等许多系统组成，因此，一个人的身体健康和素质主要是所有这些系统集成（相互作用）的结果。同样，一辆汽车也是由许多系统组成，比如，汽车通常由发动机、底盘、车身、电气设备四大部分（系统）组成。其中每个大部分（系统）又由若干个小部分（系统）组成，比如，发动机部分（系统）包括冷却系、润滑系、点火系、起动系等部分（系统）；底盘部分（系统）包括传动系、行驶系、转向系、制动装置等系统。由此可见，一辆汽车性能的好坏取决于所有系统集成（相互作用）的结果。

在上述复杂系统中，主次之分，先后之别本身就充满系统性。如果上述各系统是相互孤立的，其结果是不可想象的，人作为生命体就不可能存在和生存；汽车作为机械的"有机体"就无法运转。树，作为天与地的连接载体、自然规律的集成者，恐怕是系统性及系统相关性的最佳代表。"金融树"的发明创造革命性地将会计（根基）与它的下游——财务管理（树干）、金融（树冠）及经济（土壤、环境）等相关环节和因素系统集成为一个庞大而又一目了然的动态（真实）统一体系。

千年古树

"金融树"理论认为人类所有发明创造都是在对自然规律认识和掌握的基础上完成的。树乃自然规律的集大成者。

记者：将灵感变为现实是一个漫长而艰辛的历程。可喜的是，您已经将这个"灵感"变为现实。到目前为止，全球金融学的顶级专家学者是否已意识到了企业、金融、经济管理的系统性？

丁教授：一个企业经营的好坏也是许多系统集成的结果。如会计体系、财管体系、金融体系、销售体系、人力资源体系、环境体系等。然而，令人遗憾的是，直至目前，在全球范围内，上述管理知识和认识远远没有实现系统集成，仍然充满唯心的主观意识，相互孤立、支离破碎、东一榔头西一棒子，与现实严重脱节。令人欣慰的是国际顶尖的金融学专家已意识到并试图改变上述糟糕现状。金融学的顶级教授兹维·博迪和诺贝尔奖获得者罗伯特·莫顿合著的《金融学》一书，得到诺奖获得者——大牌经济学教授保罗·萨缪尔森推荐。在本书的范围介绍中，作者写道："在化学等发展成熟的研究领域，通常的教育方法是在入门课程中涵盖一般原理，给学生一个该学科的总印象，从而为其他更专业的课程（如无机化学与有机化学）打下基础。同样地，将金融学的所有分支领域——公司财务、投资学、金融机构学，囊括在一个统一的框架中。"从中，我们可以看出：（1）作者认为，相对化学等领域，金融学发展不成熟；（2）作者将所有分支领域——公司财务、投资学、金融机构学——囊括在一个统一的框架中。其实，金融学的分支领域远远不止上述三个。

尽管如此，相对目前及以往的金融类教科书和教学方法，《金融学》这本书已经是一个伟大的、前所未有的创举。但由于不了解这些分支学科及影响企业、金融、经济所有因素的相互作用、关系、位置等，作者未能找出它们之间的规律和系统性，只是机械地把几个分支学科的知识堆积在一起，因此把它们的位置、关系和作用等都搞错了。好比把树叶放到树根的位置，树根放到树干的位置，汽车轮子安装在汽车的里面，发动机放到汽车顶上。由此可见，系统的金融管理知识体系一直是个空白，业界仍在黑暗中摸索。这就是为什么金融、会计、财务管理等学科难学难用的最主要原因之一。

记者：金融树体系、系统金融学、金融生态学如何同获得诺贝尔奖的金融、经济理论相比？

丁教授：常言道，是非功过，后人评说，所以这个问题最好由别人回答。但在我看来，获奖的东西毫无疑问都是某领域或理论方面世界最前沿的，大多涉及的可能只是非常小的微观方面，可能只相当于"金融树"上的一个小枝叶，大多比较深奥，常人难以读懂，应用价值比较小。

相比之下，作为庞大的宏观、中观、微观为一体的知识体系和系统集成，上述发明创造，不仅通俗易懂，而且只需两三分钟就足以让任何人感受到它的魅力和震撼力，备受各界人士喜爱。不仅为企业、金融、经济发展的方方面面及其问题的解决，提供了最有效的理论和操作方法，而且为地球上所有事物的发展和管理提供了独特的方法论。换句话说，这些发明创造能够准确地指导、告诉世界上每一个人如何操作具体的每一件事。比如，如果你对地球的特点和规律有深刻的认识和了解，你就会明白为什么事物总是在不断发展变化，它们的变化规律是什么，为什么事物的发展不是直线、斜线、Z字形或其他形式，而是波动（曲折）的，如水波、声波、电波、风波、价格、股价的波动以及社会、经济周期的波动等。明白了事物的波动性，你就能更好地在金融市场获利。

记者： 请您举几个案例来说明事物的波动性，从而更好地了解股价的系统性、波动性？

丁教授： 远的不说，2000年左右，我曾在网络股最盛行的时候，逆着潮流公开预言它们将要崩盘。果然，没过多久，预言如期应验。雅虎股价从250多美元跌至几美元。2002年年底—2003年年初，网络公司该死的已死，未死的股价已跌至谷底，意识到事物发展的波动性和周期性，在经营者本身都看不到希望的情况下，我以最低的价格（0.5~3美元）买进新浪、网易、搜狐等很多网络、IT股票，它们很快上升到几十美元。这就是系统性、波动性的结果。股市上最好的理论就是波浪理论，说明股价的变化像波浪一样有规律。其实，所有事物的变化都是波动的，这是地球的物理性质决定的。

2007年5月17日，我应邀在国际金融大会上发言，会后某记者问我买哪只股票好，我告诉她买美尔雅和恒生电子，不过大盘涨得过快，不久将会调整。我在2006年年末分别以3块多和7块多买的这两只股票，在高点20多块出货，两股5个月分别上涨3~7倍多。5.30日大跌后继续低位买进，并在9月初出货，此时，两只股票分别比5.30日前的高点上涨了8块和15块左右，比5.30日大跌后的低点上涨了两三倍。显而易见，这两只股票在大跌前和大跌后的表现都相当出色，因此，如果5.30日之前没有介入或赚到钱，5.30日之后仍可获利丰厚。其实业绩是影响股价变动的最重要因素之一，而这两个公司的业绩都不怎么样，但影响事物发展的因素很多，"金融树"价值体系就是把影响股票的所有因素系统集成在一棵树上，你可以一目了然地看到它们的过去价值、现在价值和预期价值。

凭借对地球和宇宙规律、特点的肤浅认识，我曾经对未来做过数不胜数的准确无误的判断和预言，并且始终承诺：对我所传授的所有知识及每一个观点的客观性、前瞻性、准确性和正确性负一辈子责任。

记者：在 2005 年 9 月 11 日中国（上海）期货投资国际论坛上，您指出："根据金融树理论体系，美国这棵金融树树干的两侧严重失衡，如果不是树根牢固及树干的良好弹性和灵活性，树干早已夭折。这种失衡的状况若长期得不到修正，生态环境一旦发生变化，尤其是突发性根本变化，整棵树将有可能倒塌。美国这棵树一旦倒了，一定会殃及全世界。"您同时指出："中国尚无资格发生系统性金融危机？"为什么？

丁教授：时间和事实是最好的检验标准。近期美国次级债券引发的金融危机和近年中国金融业的稳健、快速发展就是对上述预言和判断的最好验证。这次全球金融危机让许多国家蒙受了巨大损失，首当其冲的就是美国。如果各国政府未能及时输血、救市，后果将不堪设想。大量输血可以一时阻止病情恶化，病情将由急性转为慢性，但若长期不能根除，可为未来埋下更大隐患。显然，美国金融管理当局和专家学者根本不懂得也不具备"金融树"体系的管理知识和水平，否则，这场危机根本就不应该发生。我认为：次级债券只是此次系统性金融危机的导火索。几年前，针对国内外一些经济学家预言中国金融危机无法避免，我撰文并在不同场合指出，中国尚无资格发生系统性金融危机。首先，中国金融业正在稳步发展。其次，中国金融尚无系统性。一个尚未结婚的人怎么会发生婚姻危机。

记者：毫无疑问地说，"金融树"体系、系统金融学、金融生态学的发明创造足以震撼全世界，请您概括一下"金融树"的作用、价值和意义？

丁教授："金融树"体系、金融生态学、系统金融学在孔子、孟子、哥白尼、达尔文、牛顿、毛泽东、爱因斯坦等研究成果的基础上，从宇宙的角度，用地球的法则揭示事物发展的客观规律。爱因斯坦的相对性理论修正了从牛顿以来对空间、时间、引力三者相互割裂的看法及运动规律永恒不变的看法。"金融树"理论体系认为，作为统一体的地球，它的法则不仅掌控自然，而且掌控所有事物的规律。一旦掌握这些规律，你便知道事物从哪里来，到哪里去。因此，"金融树"为地球上所有事物的发展和管理提供了独特的方法论，并强调地球上的所有事物首先要符合地球的运转规律。

我是搞金融和管理的，因此，对"金融树"在这个领域的作用、价值和意义更感兴趣。首先，它揭示了"金融"与"树"之间千丝万缕的、密不可分的逻辑关系。这是一项前所未有的奇妙发现。在此基础上，它将金融及管理学的所有分支学科按照自然规律系统集成为一个庞大而又一目了然的动态统一体，这一伟大实现不仅比目前世界上最前沿的管理理论和实践领先很多年，而且彻底改变了会计、财务、金融等学科相互割裂的发展史，创建了人类有史以来全球第一个，包括会计、财务、金融等在内的庞大而又简单的完整系统知识体系、管理体系及教学体系。其次，它将看不见摸不着的、抽象难懂的知识和理论，变为一目了然，让世上所有的人用几天而不是几年的时间轻松掌握，未来人们可以像欣赏电影一样享受其中的奥秘。再次，"金融树"体系的推广普及不仅将为整个人类节省大量的时间和管理成本，而且能避免大量金融危机和管理错误的发生。用最简单的方法解决最复杂的问题，这就是科学的终极目标。

记者：资产定价和风险管理是金融的核心内容，您能不能通过实际案例，说明"金融树"在这方面的应用？

丁教授：当然可以。"金融树"价值体系和风险管理体系可以将影响资产、企业乃至国家的所有因素系统集成到一棵树上，并进行定性和定量分析，这样你就可以很容易地找到价值和风险的来龙去脉。如果你能将某个企业的所有资产按照自然规律放在一棵树上，并对资产的性质和系统关系有所了解，如同医生给病人检查，你就可以发现这个企业是否存在问题，存在什么问题和如何解决。正是通过这样的方法，一些国内外知名企业如新疆德隆、美国安然等，在倒闭之前，我已经看到它们的结果。2004年的一天晚上，中央台《对话》栏目的导演约我参加一期节目的制作，本无兴趣的我得知北京一位著名企业家也要参加，我更无兴趣了。当我告诉导演该企业家和他管理的著名上市公司将要出现重大危机时，该导演立即请示台领导，并于下半夜通知该企业家不要参加录制活动了。几个月后，危机果然显现，该企业家不但被革职而且受到严厉处罚，该企业的股票一路暴跌，最后被别人收购，一个著名的上市公司就这样收场了。

几乎所有风险和危机包括 9·11 事件，在发生之前，都可以通过"金融树"识别，为什么不呢？天气预报可以相当准确地识别未来的风向、风力、风速等，任何事物的发生都有其内在和外在规律，所有事物的规律都依存于地球法则，树是天地规律的集大成者，"金融树"将这些规律"树"化出来，得以应用。

1992-1993 年，全国上下大张旗鼓发展期货市场，中国的商品期货交易所不仅从无到有，而且其数量很快超过世界其他地区的总和。经过 3 个月的考察，正当期货市场盲目发展的高峰时刻，我逆潮流而上，果断地向当时的国务院副总理朱镕基提出了一系列有关加强宏观调控、整顿和规范期货市场的建议和方案。这些方案的实施避免了金融危机的发生，为国家节约了大量的资金和人力物力，遏制了巨额外汇流失，在一定程度上抑制了通货膨胀，促进了中国期货行业从无序走向有序。美中不足的是国家未能及时关闭国债期货交易，最终导致其崩盘，造成巨大损失。通过"金融树"，你可以清楚地看到各种金融资产是如何一环一环地"长"出来的。期货属于衍生证券，衍生证券是由基础证券派生而来，它是长在树梢上，大风刮来，树梢（枝叶）首当其冲，这就是为什么期货的风险最大。在当时，我国连基础证券还未搞明白，怎么可能搞好衍生证券呢？好比一个人，还不会走，甚至还不能站稳，就想跑；好比一棵树，树根还未长好，怎么能有树冠呢？"金融树"在资产定价和风险管理方面的实际应用案例还有很多。

记者：俗话说"一把钥匙开一把锁"。企业的实际情况千差万别，"金融树"作为一套高屋建瓴的理论体系，怎样解决不同企业的个性的实际问题？

丁教授：前面讲过，"金融树"是一个庞大的系统集成，它不但能把影响任何一个企业、一个行业及一个国家的所有因素系统集成到一棵树上，而且可以把这些因素进行系统的定性、定量分析，并通过"金融树"展现出来。这样每个企业的实际问题及解决方案便一目了然。医院可以给不同的人体检治病，同样"金融树"也可以给不同的企业体检治病。

记者： "金融树"是一个庞大的理论体系，其理论的边界在哪里？我们知道牛顿力学不能用来解释量子现象，那么在金融的世界里有没有"金融树"力所不能及的领域？如果有的话，是些什么？该如何完善？

丁教授： 这个问题提得相当好。就目前而言，"金融树"不仅是一个庞大的理论体系，而且是一个庞大的管理体系和教学体系，以后很有可能还会派生出其他体系，因为它是开放式的。它的理论边界在于对地球和宇宙规律、特点的认识和理解。前面说过，地球、宇宙是一体的，万物是相通的，相对地球和宇宙而言，金融世界只是其中很小的一部分，金融世界的任何规律和变化都逃脱不了地球和宇宙的法则。因此，在整个金融世界，没有"金融树"力所不能及的领域，但这并不等于说"金融树"是绝对万能有效的，因为整个世界是相对的，所以，如同人类对地球和宇宙的认识一样，"金融树"永远有待发展。

该文 2007 年 11 月 7 日发表在《国际商报》，作者郭惠华。文中本书作者照片被删除，其他未作任何修改。

第二节　一个企业、一个行业乃至
一个国家的危机如何诠释

——与丁大卫教授谈"金融树"理论和企业的金融健康

核心提示：

> 未来充满了太多的不确定因素，而对未来作定性甚至定量的分析是人类面对的一大挑战。但对于那些掌握了完备的专业知识，又具有非凡洞察力的金融专家来说，研究一个企业、一个行业、包括一个国家如何渡过金融危机、保持金融健康，始终是一个避不开的问题，因为研究金融实际上就是研究如何将未来的风险锁定和转移。

金融专家丁大卫教授的头衔很多，包括多伦多股票交易所董事局顾问、加拿大风险资本交易所董事、博鳌亚洲论坛顾问，他曾在 20 世纪 80 年代成功考取了极个别人才能通过的几乎所有美国金融和证券行业所需的营业执照。

20 世纪 90 年代以来，他曾多次对中国的金融和证券市场进行考察和研究，向国务院等部门提出过许多有益建议。经过 20 多年的研究与实践，丁大卫教授 2004 年又提出了一套"金融树"理论及教学方法，并获得国家版权局颁发的著作权登记证书。

其实，丁大卫的"金融树"理论是一套涉及会计准则、财务管理、金融产品和市场等科目的系统理论、方法和工具。本刊通过和丁教授的对话，试图用"金融树"这个工具对一个企业、一个行业乃至一个国家的危机作出诠释。

金融领域的"系统集成"

《商务周刊》：我们知道您最近提出了"金融树"理论，这是一项怎样的发明或者创造？

丁大卫：我现在书柜上的书都跟金融、财务、会计、投资有关，"金融树"理论就是把这些所有的不同的科目，用一棵自然界的树把它集成一个系统，这就有了更强的逻辑性，有了层次分明的视觉感，这

样的形式能够帮助我们更容易明了很多问题。会计是原则，就是树根，我们都知道这个基础的东西一定是不能够违背的；再往上就是财务管理，它是树干，左边是你的资产，右边是你的负债。我们许多企业就是负债太多最后这棵树被压折了；相反，有人说我的企业无债一身轻，但这等于你没有利用好周边的环境和外界的资源，那你至少不是一个很好的管理者；再往上就是金融，它是茂盛的树冠，树冠最上端是期货、期权这样的衍生证券，可以果实累累，但随风波动，风险也最为巨大。

会计、财务、金融，分别是企业经营管理的准则、对象和目标，

这样一棵树当然是早已存在的，但是目前这些学科都没有形成一个整体，都是各自割裂的。如果我们把这些东西比做一棵树，那么过去大家都是局部地研究树根或者树干、树叶，我在这个行当里工作了20多年，我希望通过自己的思考和经验，能够把它们系统集成在一块。

比如今天我给你一本会计学的书，你会读得很枯燥，因为它一点都不形象。现在我不是给你一本会计书，而是给你一棵"金融树"，告诉你会计在哪里，你现在学会计原理就是在学树根这部分，这其中有几个原理，这就非常形象。而且你还知道树根和树叶的关系，比如美国安然这样的大公司。这棵树不管它多大，它违反了会计准则，树根坏了，照样要倒闭。所以，与其说给你一个局部学习非常难，倒不如给你一个整体还要容易得多。

我关注的重点并不在于这棵树的某个部位，再给它细化多少东西，而是每一个科目——会计、财务和金融中间都好像有一堵墙似的，我就是把这些墙都给打通了，而打通以后就会形成一个新的体系，产生新的价值链。

《商务周刊》：这样的比喻很形象贴切，您是从什么时候开始意识到这样一个问题，并逐步形成"金融树"这样的理论？

丁大卫：我曾在1980年代考取了几乎所有美国金融和证券行业所需的营业执照。自己这么多年走过来，确实花了非常大的力气。当时又是学英文，又是学会计、财务、金融，整个过程非常非常的辛苦。后来看到其他人在进入这套体系当中也非常不适应，所以就一直在思考这个问题。

直到几年前，用我们常说的话就是"赶鸭子上架"，国内方方面面的企业家需要培训，涉及会计、财务管理和金融等，这里面就有一个问题，这些企业家往往来自全国各地，然后集中在北大或者清华，他们时间又非常紧，几天就要把这些东西都学会。当时有很多课程要我来设计，我说国际金融是我最擅长的，但是在学习国际金融之前他们必须对财务管理有很好的了解，否则的话是悬空的。同样，他们要把财务管理搞明白，一定要事先了解会计原理。但你要是翻书就知道，它们之间有好多东西是重叠的，因此就会出现这样的问题：张三教会计，李四讲财务，但两者既有交叉又有空白。而请一个老师从头到尾系统地教，就能避免重叠性和脱节，但这样的话一个老师就非常辛苦，而且他必须对这些领域都要非常了解，并融会贯通。在这样的情况下，我承担了这些任务。结果别说是学员了，我三天讲下来都是头昏脑涨，等我再问问学员听得怎样，他们都连说挺好，就是记不住。我自己也觉得这是一个非常大的难题。

所以在一年多前，我就开始琢磨这些东西怎样才能让人一目了然，而不是死记硬背那些条条框框。到了 2004 年 3 月，我觉得"金融树"框架逐渐形成了。当我把一个公司的账面价值、评估价值、公司市值等都连在一起时就产生了这样想法，打个比方，书柜所有格子里的书都是这个领域的，原来每个格子都像是死板的方格子，现在各个格子相互打通，形成一棵"金融树"。

这样就可以清楚看到它处在不同位置的不同价值。一个企业还没有长大，还没有上市的时候就不存在市值，只有账面价值，只有它做得好的时候才能成为一个公众公司，吸收广泛的社会资源和养分。"金融树"有它的时间价值，会计是它的过去价值，财务是现在价值，股票市场是一个预期价值，再往上就是它的未来价值，比如它的股票的期货，但如果这些未来价值太大，比如互联网泡沫，就是树冠太大，而根基很弱，稍有风吹草动，它就呼啦倒下。你通过这套体系，就清楚地知道一个企业的过去价值、现在价值和未来价值。

企业经营的目的不是"资产最大化"

《商务周刊》：其实很多人也都知道会计、财务和金融之间的内在联系，只是分界线在哪里，从哪里分割不好把握，我们怎样整体地把握一个企业的金融健康？

丁大卫：举一个关键的例子，大多数企业家都很困惑，企业经营的目的是什么。如果是"资产最大化"，这其实不是一个好的目标，比如树干的左边（资产）是 1 亿，树干右边（负债）是 0，那么总资产是 1 亿；如果只是想资产最大化很容易，就是把右边负债增加了，比如在银行贷款 5 个亿，总资产就是 6 亿了。前不久山西有个老板跳楼自杀，就是因为负债太高，资金链断了。老百姓也不明白，这么大公司怎么说垮就垮了。因此，金融树理论把这些打通以后就能让我们意识到，企业发展一定要掌握好这个平衡，这棵树左右两边要对等才能长得高，才不会被压折。相反，如果完全没有负债，完全靠自己，不去利用外界资源也不利于自己长大。

另外，很多企业都说经营目的是让"利润最大化"，其实利润最大化是反映在它的账面上，但它是一个过去时态，也就是等你知道你的利润最大化了，这个事情就是已经发生了的事情，这对那些想要给这个企业投资的人来说不是关注的重点。比如你说德隆公司去年利润非常好，那是去年，但投资者关心的是它的市值，它的预期价值和未来价值，而这个价值现在是空的。

此外，针对国际上现在最流行的企业管理目标，就是所谓"每股市值最大化"，按照金融树理论，也就是让树冠这部分越大越好，这就出现两个问题：一是不能片面地让树冠增大，你要考虑到树根和树干的承受能力，就像我们所举当年 YAHOO 的例子，它的市值最高达到 1000 多亿，但是它的根部太小了，所以说，它虽然没有倒下，但是它迅速蒸发了，从上千亿降到几十亿。所以你要是了解它们之间的相互关系，就可以通过并购实物资产把上面的市值挪到下面的树根——账面价值部分，作为一个稳定器。第二个问题是，正是因为企业都拼命地在做每股市值最大化，所以大家都变得不择手段。比如像美国安然、世通这样的公司，把市值做到很大，做到它的股票认购证都值钱了，这就容易造成管理人员走极端。

现在用我的话来评价，一个企业经营的目标就是"根深叶茂"，也就是说，市值最大化是你的目标，但是你一定要在把握好根基的情况下市值最大化，否则你这棵树再大，也会出问题。

《商务周刊》：那如果企业把"所有者权益最大化"作为经营目标呢？会有什么问题？

丁大卫：这个目标实际上就是股东利益最大化，这跟"市值最大化"相比又有很多缺陷。举个例子，今年公司赢利 1000 万，而所有者权益最大化就把这 1000 万分了，就没有顾及企业的下一步发展。如果是为了企业未来价值考虑，应该把这个钱接着去投入，但这时候所有者权益就不是最大化了。另一个缺陷就是，所有者权益最大化并不等于说每个股民的利益最大化，因为股票是在大股东和少数人手里转的，比如用友软件从股市上圈了很多钱，但王文京一股独大，公司赚钱了它不分配，小股民照样喝西北风。根据股票的性质应该是同股同权的，只有在这样的情况下才能体现出股票真正的意义，就是每只股票市值最大化，也就是不管你是比尔·盖茨也好，还是中国一个普通人买微软的股票也好，每一只微软股票的价值都得到最大化，这样就做到了大小股东一视同仁。中国现在连这些基本的理念都没有得到认同和贯彻。

金融改革是一道必须要过的"鬼门关"

《商务周刊》：我们都知道，凡是倒闭的企业都是出了问题的企业，关键是在危机发生之前我们能否作出预警。如果把中国的金融比做一棵树，那么这棵树它的根部不怎么样，但是它向上发展了很多树冠，在这种情况下你给它做一个什么样的诊断？也就是说"金融树"大到一个国家的时候适不适用？

丁大卫：我认为，"金融树"不仅适用一个公司、一个行业，甚至一个国家也都能适用，不光是它的内涵，它的外延都是相匹配的。企业的发展如同自然界的一棵树的发展，小树苗就是小公司，全世界小公司的成活率都是比较低的，但是如果这棵小树度过了它的成长期，小树总是要比大树增长得快，这就像小企业比大企业成长得快一样。

同样的道理，一个国家的经济状况或者财务指标有很多，比如一个国家的收支平衡。银行可以是这棵树的一个大的分支，证券又是一个。每一个大的分支，它的呆账坏账，包括股市的泡沫，综合起来就可以判断这个国家的根基是不是很牢固。过去我们说阿根廷、巴西发生金融泡沫，原因就是它的实物资产没有根基，比如它的贸易总是逆差，出现了大的窟窿，说白了，它的底座是空的，上面随风波动。

我们中国目前的情况，从根基讲应该还不错，但树干和树枝这部分，整个负重比例在逐步加大。我们都知道银行的呆账坏账交给四大资产管理公司，而资产管理公司并不是把这些坏账给吸纳了，而是把它勾销了，但这依旧危险。其实，最好的办法是通过发展增加左边的资产，最后跟右边的负债达成平衡状态。现在，新的银行坏账在剥离后又迅速形成了，过去集中在国有大银行，现在蔓延到股份银行和农村信用社。与此同时，过去券商都是香饽饽，现在也都已经资不抵债，再加上现在房地产的形势，如果美国和周边国的利率在提高，中国也在加息，那么很多开发商、老百姓就会大量破产，最后也变成银行的坏账。

更重要的一个问题是，中国这个金融体系不是一个良性的、健康的金融体系，它没法自行消化。也就是说，银行是现金储备，证券市场是投资融资，保险则是把老百姓的保费收过来然后投资于证券市场。但是现在证券市场是一个大窟窿，很多保费最后都是亏损，所以前阵子社保基金在网上挨骂，现在准备到境外投资。但随着时间的推移，中国人这么多，社保基金还是不能指望国外。

其实，中国的证券市场走了十几年依旧步履维艰，原因很多，其中一个根本原因就是我们连"证券"这个基本的东西都没搞清楚，包括我们"证券交易所"的名称。其实股票只是证券的一种，国际上有叫纽约股票交易所、芝加哥期权交易所、伦敦金融交易所，但没有一家叫证券交易所。股票市场是一个产权市场，产权市场就是要同股同权，一视同仁，这些都做不到，那么你在公司治理方方面面都会存在问题。

过去传统的金融都是围绕银行转，现在则以证券市场为中心，如果这个市场不是良性的，这个体系就没法转。另外，股票只是基础证券的一种，往上还有股票期权、股票期货、股指期货等，可中国连基础证券都搞不好，再往上衍生出更多产品来，它能规范吗？

因此，我很早以前就说，中国未来发展的难点不仅仅是在金融业，而且金融对中国来讲是一道"鬼门关"，要跨越相当难。

中国人习惯实物资产，你的电脑可以模仿得很好，但现在的金融都是无形资产，这个无形的资产你说它是重了还是轻了，大了还是小了，很难把握。同时，金融资产比实物资产有个放大效应，比如纳斯达克的股指可以从 1000 点很快攀升到 5000 点，但它既然可以迅速膨胀，也可以迅速崩溃。它是在一分一秒地变化，它会像多米诺骨牌一样呼啦就倒。正因为这样，人们在世界范围内一说危机都说金融危机是个导火索，而目前金融在中国人的意识形态里还是真空状态。

《商务周刊》：与国际其他国家相比，中国最终要跨越金融这道槛到底有多难？

丁大卫：现在中国在金融方面确实面临很大风险，相比之下，生产领域的风险很少。事实上，从世界 7 大发达国家看，真正迈过这个门槛的并不多。20 世纪 80 年代，日本的东京股票指数一下膨胀 6 倍多，超过纽约，东京也因此变成全球最贵的地方，然后日本也把美国夏威夷的大楼等都买了。但是金融资产它的流动性非常强，进入到 20 世纪 90 年代，日本的资产一下就崩溃了，而且至今十几年了还未能从泥潭中拔出来。阿根廷、墨西哥、巴西等国家也都没有经受住金融风暴的考验。中国以前是闭关锁国的，现在跟国际市场正在艰难对接，但用我的话说，许多金融的概念都是错误的。在这种情况下，时间又由不得你了，就像我们现在谈到的期货，整个市场最近一两年就放开了，届时国际巨头纷纷进入，而我们无论从人才、意识，还是从硬件、软件体系上，都没有办法应付。从上面分析看，中国对于金融这个鬼门关，遇到的问题会比日本大得多。我认为寄希望边发展边解决问题是很难解决的，重要的还是固本清源，树根扎得牢，树干长得结实周正，树冠才能茂盛，才能结出好果子来。

该文 2005 年 2 月 20 日发表在《商务周刊》杂志，作者钟加勇。文中本书作者照片被删除，其他未作任何修改。

第三节：丁大卫：金融市场的守望者

核心提示：

在西方，金融业被喻为经济管理的航天工业，金融学被喻为管理学科的"火箭科学"。只有那些掌握了完备的专业知识，又具有非凡洞察力的人才能高瞻远瞩、未雨绸缪，他们既是金融界的守望者，也是社会稳定发展的守护人。用最简单的方法去解决最复杂的问题或事情，让世界所有想学的人，都能轻松学会会计、财务、金融等知识，这就是金融树的魅力所在，也是丁大卫至高的理想。

"金融树"理论的创始人

在西方，金融业被喻为经济管理的航天工业，金融学被喻为管理学科的"火箭科学"。研究金融实际上就是研究未来，研究如何将未来的风险锁定或转移。然而未来充满了太多的不确定，对其作定性甚至定量的分析是人类面对的巨大挑战，只有那些掌握了完备的专业知识，又具有非凡洞察力的人才能高瞻远瞩、未雨绸缪，他们既是金融界的守望者，也是社会稳定发展的守护人。

2007 年 5 月，在北京召开的一次国际金融大会上，世界金融界大名鼎鼎的丁大卫教授作了关于"金融树"理论的演讲报告，将复杂难懂的金融知识演绎为浅显易懂、让人易于接受的"金融树"理论。该理论是丁大卫教授经过 20 多年的研究与实践，于 2004 年提出的，它涉及会计准则、财务管理、金融产品和市场、企业管理和企业发展规律等一整套系统，揭示了它们之间的内在规律和特点，并将这些规律和特点系统地集成在一起，通过"金融树"演绎出来。目前，"金融树"理论已获得多项世界知识产权认证。

丁大卫先生有一个形象的比喻：金融体系中的各学科就好比放在书柜里的书，有财务、会计、投资等，"金融树"理论把这些所有不同的科目，用一棵自然界的树集成一个系统，这就有了层次分明的视觉感，有了更强的逻辑性。会计是原则，就是树根，所以这个基础的东西一定不能违背；再往上就是财务管理，它是树干，左边是企业的资产，右边是企业的负债；再往上就是金融，它是茂盛的树冠，树冠最上端是期货、期权这样的衍生证券，可以果实累累，但随风波动，风险也是最大的。

会计、财务、金融分别是企业经营管理的准则、对象和目标，这个学科系统早已是存在的，但是各自割裂，一直都没有形成一个整体。如果把这些东西比做一棵树，那么过去大家都是局部的研究树根、树干或树叶，而丁大卫先生把它们系统集成在了一块，从研究局部转向了研究整体。

20 世纪 80 年代，年轻的丁大卫考取了几乎所有美国金融和证券行业所需的营业执照。那时他刚到美国，既要学习英文，又要同时学习会计、财务、金融等知识，这个过程非常辛苦。丁大卫回忆起来也感慨，自己这么多年走过来确实花了非常大的力气，所以后来看到其他人进入这套体系当中也非常不适应，就开始思考这个问题。

几年前，中国的培训业发展迅猛，方方面面的企业家需要培训，这些企业家来自全国各地，集中在北大或者清华，用几天的时间就要把会计、财务管理、金融等都学会。当时有很多课程邀请丁大卫来设计，丁大卫选择了他最擅长的国际金融，但是在学习国际金融之前学员必须对财务管理有很好的了解，否则课程是悬空的。同样，要把财务管理搞明白，一定要先了解会计原理。但你要是翻书就知道，它们之间有很多东西是重叠的，因此就会出现这样的问题：张三教会计，李四讲财务，但两者之间既有交叉又有空白。而请一个老师从头到尾系统地教，就能避免重叠性和脱节，但这样的话一个老师就非常辛苦，而且他对这些领域都要非常了解，并融会贯通。在这样的情况下，丁大卫承担了这个任务。

从这时开始，丁大卫就开始琢磨这些知识怎样才能让人一目了然，而不是死记硬背。到了2004年3月，"金融树"在丁大卫心里逐步形成框架。当他把一个公司的账面价值、评估价值、公司市值都联系在一起时就产生了这个想法。打个比方，书柜所有格子的书都是这个领域的，原来每个格子都是死板的方格子，现在各个格子相互打通，形成了一棵"金融树"。

这样就可以清楚地看到它处在不同位置的不同价值。一个企业还没有长大，还没有上市的时候就不存在市值，只有账面价值，只有它做得好的时候才能成为一个公众公司，吸收广泛的社会资源和营养。"金融树"有它的时间价值，会计是它的过去价值，财务是它的现在价值，股票市场是一个预期价值，再往上就是它的未来价值，比如它的股票的期货，但如果这些未来价值太大，比如互联网泡沫，就是树冠太大而根基很弱，稍有风吹草动，它就会呼啦倒下。通过这套体系就会知道一个企业的过去价值、现在价值和未来价值。

以此类推，丁大卫创造了他的金融树企业发展生命体系、金融树现金流管理体系、金融树价值评估体系、金融树价值管理体系、金融树投资组合管理体系、金融树风险防范体系、金融树资产管理体系、金融树投融资管理体系、金融树全方位平衡管理体系、金融树战略管理体系、金融树企业发展导航体系、金融树企业诊断体系、金融树投资理财体系。通过他的金融树理论，不仅能够诊断一个企业、一个行业的发展状况，甚至一个国家的经济健康都可通过这个系统来诠释。

丁大卫的"金融树"理论诞生以后，国内外数以万计的人接受了这一理论的培训，他们中有商学院院长、财经方面的教授、企业家、公司高层管理人员、大学生、中学生等。用最简单的方法去解决最复杂的问题或事情，让世界所有想学的人，都能轻松学会会计、财务、金融等知识，这就是金融树的魅力所在，也是丁大卫至高的理想。

中国金融市场的诊断师

你可以说丁大卫是一位学者，但其实他更是一位金融市场的实践者，中国的金融业从诞生一直发展到今天，他都全程参与，以其独特的眼光，准确把握经济发展的脉搏。丁大卫把对中国金融市场的分析，称做"号脉"，而且"号"得很准，他说："看市场要靠悟性。"在近年来发表的文章，对中国金融市场的很多事情在发生之前，无论是利好还是利空，常常被他一语中的。

八条建议促使中国期货市场走向有序发展

1993 年，中国的期货市场处于狂热的发展阶段：发展速度过快，交易所数量超过了全世界其他地区的总和，很多地方有行无市；从业人员过多，但缺乏专业知识培训和资格审核，各种欺诈和混乱事件时有发生；由国外代理进行的国际期货交易，导致我国外汇大量外流。

就在这时，丁大卫受中国有关部门邀请进行国际金融讲学活动，同时也受美国、加拿大金融界委托来中国进行考察。结合在北美多年的从业经验，和对国际金融发展历史的研究了解，经过为期数月的考察，丁大卫完成了《对我国期货市场、期货交易发展及外汇管理问题的若干建议提纲》一文，并提交给当时的国务院副总理朱镕基。文章在对中国期货市场进行全面、客观分析的基础上，提出八条建议，被国务院及时采纳，摘要如下：

a.首先应成立一个具有国际一流水平的全国性期货市场研究设计发展中心，制定出一套我国期货市场的发展战略；

b.我国期货市场的建设与发展应分国内国际两步走，在此初级阶段应关起门来，尽可能的按照国际标准设计与开发在我国有明显优势的商品期货；

c.全国各地期货市场和期货经纪公司的建立与否都应由期货交易管理部门审批，以避免目前我国期货市场"遍地开花"的现象；

d.对整个期货行业进行规范化整顿，对现有的市场进行宏观调控，对重复性的、多余的、类似的市场实行"合并同类项"；

……

同年 11 月，国务院发出《关于坚决制止期货市场盲目发展的通知》，开始了对我国期货市场的一系列规范整顿，为国家节约了大量的资金和人力物力，遏制了巨额外汇流失，在一定程度上抑制了通货膨胀，促进了中国期货行业从无序走向有序，并为整个中国证券市场的规范发展起到了一定的推动作用。

国企改革的突破不是股市圈钱而是靠管理

1997 年伴随着股票市场的降温，国企改革的深入，人们开始把注意力转移到资本市场上。很多经济学家、政策制定者和国家领导人都认为，资本市场不但是解决国企难题的最直接、最现实的途径，而且可以用股民的钱冲销银行长期积累的呆账，达到两全其美的目的，于是国有企业纷纷包装上市。

对此，丁大卫直言"资金及资本市场救不了困境中的国有企业"，"通过发行股票和可转换证券，把原来由银行承担的信贷风险和信贷损失转嫁给不明真相的广大股民，这种做法实为不妥"。丁大卫认为国有企业的真正问题是管理和体制的问题，归根结底就是人的问题。只有企业管理人员的人生道德和职业水平提高了，他们才能自觉自愿地维护企业的利益、群众的利益和国家的利益。西方工业现代化是"三分靠技术、七分靠管理"。众多企业通过改进管理、创新求实、提高效能成为世界知名企业。同样通过管理和技术，我国的国有企业也会取得长足的进步。

网络公司境外上市须三思而后行

1999 年网络公司如雨后春笋般涌现，并跃跃欲试要在国际金融市场上市融资。丁大卫在 21 世纪中国互联网大会发表演说第一个指出资本市场是把双刃剑，运作不好会让自己栽进去。任何一个企业都缺钱，关键是要选择一条适合自己的融资渠道。网络公司境外上市要懂得量体裁衣，既要选择合适的上市地点，又要选择一个效率高、成本低的上市方法。中国企业在纽约上市很多，他们的经验对将要上市的网络公司来说是前车之鉴，非常值得关注。

尽管网络经济创造了许多新名词，而且在经营模式上发生了很大变化，但万变不离其宗，无论是什么公司，企业存在的目的是要创造价值，否则没有存在的必要。股票市场虽然具有前瞻性，但没有实质的企业终究还是要垮的。比如说，资产周转率、资金的现金流等有很多科学的方法，已经存在几十年、上百年，不会被互联网改变。互联网公司也是企业，所以既然是企业，衡量标准就不会变。每股红利、销售利润、资产、收益等财务报表上所看到的东西，是投资者衡量一个企业好坏的真正标准。

根本不存在所谓的"资本运营"

近年，"资本运营"（"资本运作"）这个名词被炒得深入人心，有关此类话题的报告会、研讨会、培训班、书籍、论文等到处可见。

早在 1999 年，丁大卫就曾撰文《拨乱反正，正本清源——我对"资本运营"提法的批判》（《中国财经报》1999 年 4 月 22 日，4 月 29 日，6 月 3 日连载），从财务管理的角度，证明根本不存在"资本运营"，结果"资本运营"犹如"野火烧不尽，春风吹又生"，还被运作得热火朝天。2005 年丁大卫再次发文《根本不存在所谓的资本运作》（新浪网 2005 年 1 月 25 日），从客观现实的角度，证明根本不存在"资本运作"。

由于在美国的金融、证券行业根本没有"资本运营"这个概念，为了弄清楚所谓"资本运营"，丁大卫专门到书店买了好几本不同作者写的"资本运营"书。但是他在书中所看到的，除许多胡编乱造，断章取义，不知所云外，余下的内容诸如企业融资、上市、兼并、收购、投资银行、资本市场、金融产品、资产证券化等都是一般企业管理、财务管理、金融市场、战略发展等理论或课程的正常内容，根本扯不上"资本运营"。

丁大卫说他写这些文章的目的，决不是针对或批判某个人或某个企业。他是本着对自己、对国家、对教育、对知识、对职业、对社会、对人民、对经济发展高度负责的态度和精神，传播准确无误的金融证券及企业管理知识，以避免更多的误导和损失。

中国金融走向国际化道路的促进者

上文提到丁大卫先生在 20 世纪 80 年代就成功考取了几乎所有美国金融证券行业所需的营业执照，这其中包括金融财务分析师（CFA）及纽约股票交易所、美国股票交易所、纳斯达克、芝加哥商业交易所、芝加哥期货交易所、芝加哥期权交易所、费城外汇期权交易所等在内的所有美国股票、债券、期货交易所及外汇市场的营业执照。他还曾在包括美林公司在内的美国证券公司、银行、交易所及跨国公司任高级管理职务，负责和参与了许多公司在美国的上市工作。他负责的美国环球证券基金首次将全球主要金融产品系统集成在一起，并在 2003 年取得了全球领先的业绩。

这些经验与资质，使丁大卫无论从理论上还是实践上对国外金融市场、金融工具及其运用都了如指掌。归国后，他便开始致力于中国金融市场的培育。

率先引进国际金融从业执照和资格认证体系

美国具有世界上最发达的金融体系和与之相对应的、以人为本的管理体系。这套管理体系在风险防范，保护投资者利益方面起到至关重要的作用。由于美国在国际金融界中的地位，美国的认证也就成了国际通行的认证。

20 世纪 90 年代中期，丁大卫率先将国际金融从业执照和资格认证体系其中包括 S3（期货营业执照），S7（通用基础证券营业执照，即纽约股票交易所执照），CFA（证券分析师资格），CFP（金融策划 / 理财规划师资格）等引入到中国，并一直从事该体系在中国的推广普及、教育和地方化的工作，为中国培养了大量金融人才。根据最新数据显示，2008 年 1 月中国内地已有 3800 多名 CFA 特许资格认证持有人，新增 326 位 CFA 特许资格认证持有人，名列新增人数最多国家和地区的第五位。全球现有 80000 多位 CFA 特许资格认证持有人。

开展教育培训，传播最先进的金融和管理理念

在过去 20 多年的职业生涯中，丁大卫为中美多所大学，其中包括北大、清华、人大等讲授有关企业管理、财务、金融、资本市场、衍生市场、期货期权、投资理财、风险管理、房地产金融、兼并收购、公司战略、证券分析、投资组合、风险投资、财务管理与决策、资产证券化、商业银行管理等方面的专业课程，率先将西方先进的管理理念和经验引进到中国。

他也曾为中美金融证券界和企业界的领导举办过很多培训和讲座，其中包括美林集团、Morgan Stanley Dean Witter、美国商业部、林肯金融集团、惠普公司、证监会、中国金融协会、银河证券、广东证券、平安保险公司、中国建行、中国银行、深圳发展银行、各大信托投资公司、大型国企、高科技企业、上市公司、绝大多数在华跨国公司的管理人员及数千家房地产公司的老总等。

工作之余，丁大卫先生撰写了大量文章，既有对国外金融、证券、股市、期货市场的介绍，也有对中国经济现状的总结、反思，发表在《中国证券报》、《第一财经日报》、《商务周刊》等诸多媒体，他为中国证券市场的健康发展作出了卓越的贡献。为使自己的经验、智慧更迅速、更大范围地传播出去，对整个金融市场健康、快速的发展起到切实的推动作用，丁大卫先生注册了自己的金融网站（http://davidxding.net/），欢迎业内的有识之士登陆与之共同探讨中国金融业未来的发展道路。

该文 2008 年 3 月发表在《今日财富》杂志，作者杨关玉。文中本书作者照片及人物介绍内容被删除，其他未作任何修改。

第四节：丁大卫：领跑全球金融

核心提示：

他发明创立的金融树体系、系统金融学、金融生态学不仅是该领域全球独一无二、最先进、最完善、最实用、最有效的管理体系、理论体系及教学体系，而且能让普通人用几天的时间学会通常需要几年才能学到和学不到的东西，且终生难忘，数以万计的世界各界人士已从中受益匪浅。生命是由时间组成和体现的，节约时间等同于延长生命。不要说为世界上很多人节省几年的时间，哪怕是一年，也是为整个人类作出了巨大贡献！

如果说，每个人的人生都是一本书或一棵树，那么丁大卫教授的人生肯定是本金融书或一棵金融树，而且是本非常丰富精彩、充满创新的金融书，或者是一棵根深叶茂、天地相连、硕果累累的金融树，因为丁大卫的名字及他的一生紧紧地和金融及他的"金融树"联系在一起，几乎成为金融的代名词。

无论在金融理论上，还是在金融实践上，或者在金融的其他方方面面，丁大卫都是走在国际金融的最前沿，开创了诸多世界之最，并不断地为全球金融发展指明方向。他的一系列享誉全球知识产权的金融理论、方法与实践创新，不仅震撼了全世界，赢得了世界各行各业的一致认同和称赞，让不计其数的人受益匪浅，而且正在把全球金融变得更加美好。

20 世纪 80 年代丁大卫教授成功考取了极个别人才能通过的几乎所有美国金融证券行业所需的营业执照，并在该行业的不同领域从业至今。20 多年的大量实践与潜心研究不仅让他对包括会计、财务、衍生证券等在内的所有金融体系、市场及其产品了如指掌，而且让他找到了它们之间及它们与外界的系统规律、相互作用等；他创建的美国环球证券基金是全球首只将世界主要金融产品系统集成的基金，并在 2003 年取得世界领先的业绩；他发明创立的金融树体系、系统金融学、金融生态学不仅是该领域全球独一无二、最先进、最完善、最实用、最有效的管理体系、理论体系及教学体系，而且能让普通人用几天的时间学会通常需要几年才能学到和学不到的东西，且终生难忘，数以万计的世界各界人士已从中受益匪浅。相比之下，仅有个别国际最前沿的专家学者刚刚开始意识到，传统的金融理论支离破碎、不成体系，在很多方面已经走进了"死胡同"，解决不了实际问题，正在摸索新的发展方向。

一位华裔美籍专家黄先生曾给予高度评价："坦率地讲，我从未见过像金融树这样神奇的管理体系、理论体系和教学体系，一学就会，一用就灵。凭借'金融树'，丁教授每次都能在世人认为根本不可能的情况下准确地预见到金融/经济危机的发生。无论是 1993 年潜在的中国金融/经济危机，2000 年全球网络泡沫危机，还是这次美国次贷危机引发的全球金融危机等，他都在事先向世人发出了警示和结果。在事情还没有发生，就已经看到了它的结果，而且每次如此。无论是金融树的威力、魅力还是丁大师的悟性、能力，这在全世界是绝无仅有的。当然这与大师几十年兢兢业业的努力密不可分。"

在过去的 20 年里，丁大卫教过培训过的学生学员，听过他讲座、报告的人及读过他著作和文章的人，不计其数，他曾发表大量独特、前瞻性的文章、建议、见解、预言等。从 1993 年建议加强宏观调控，整顿金融秩序，规范期货市场，1997 年提出根本不存在"资本运营"，到 1999 年年末至 2000 年年初预言网络泡沫，纳斯达克股票暴跌等。作为金融守望者，丁教授始终自愿坚持，不仅对他现在而且对他十几年前所传授的所有知识、每一个观点及每一句话的客观性、前瞻性、正确性和准确性负一辈子责任。能坚持 20 多年做到这一点的人恐怕全世界也是罕见的；多年来，丁大卫不仅修正了许多在国内理论和实践界流传甚广的错误理念，如"资本运营"等，而且攻克了一个又一个世界性重大难题，为全世界找到并制定了最佳也是终极的企业经营目标和企业价值衡量体系等。他在金融理论与实践上的成就绝对是金融史上前所未有的。

20 多年来，由于其扎实雄厚的理论功底、丰富的实践经验和准确无误的前瞻性判断能力，丁教授曾应邀为不计其数中外机构、监管部门、企业管理人员，其中包括美国商业部、美国司法部、美林集团、惠普公司、日本国际协力银行、德国 ZF 集团、中国证监会及国内外各大金融机构、上市公司和房地产企业等进行培训。与此同时，丁教授曾为中美几十所大学，其中包括北大、清华、中财、人大、中科院研究生院等设计、教授各种高端前沿课程，为中美培养了大量金融及企业管理人才。

走在时代前面的人

任何人都是其所在环境、历史、文化背景的产物，这是不以人的意识而改变的客观规律。但如果你知道未来的发展方向，也许你可以走在时代的前面。丁大卫先生就是这样的人。

在粮票、布票等各种票据盛行的计划经济时代，在绝大多数国人从未听过"金融"一词的时代，尽管丁大卫也搞不清"金融"具体为何物，但似乎感觉"金融"要比经济更高一层，他毅然决然，冒着"敢为天下先"的风险，赴美攻读金融。

起初，面对会计、财务、期货、股指期权、套取保值、对冲基金、房屋抵押债券、风投、资产证券化、单一股票期货等错综复杂、缤纷凌乱的金融知识，在相当长一段时间，丁大卫感到非常茫然、困惑和痛苦。后来，他发现绝大多数的人都有同感。因此，他认识到这不是学生和老师的问题，而是这些知识东一榔头西一棒子、缺乏系统性和规律性、与实际严重脱节，所以难学难懂难用。

丁教授相信，任何事物都有它们的发展规律，一旦找到了这些规律，你就知道这些事物是从哪里来，到哪里去。

于是，在研读了能够找到的所有金融方面的书籍仍然未果的情况下，他便独自踏上了一条既看不见目标又不知道终点的自然探索之路。经过多年的不懈努力，终于发现了"金融"与"树"的奥妙关系，最终成就了金融树体系、系统金融学和金融生态学等一系列全球独一无二、最先进、最有效、最实用、最完善、最准确的系统金融知识体系、管理体系和教学体系。这些体系不仅要比目前世界上最先进的领先很多年，而且是它们根本无法比拟的。

1993 年是中国经济改革开放以来最为严峻的一年，新旧体制交融，百废待兴、绝大多数必需的经济与金融法律法规尚属空白，经济与金融秩序一片混乱，通胀空前高涨，整个经济犹如一匹脱了缰绳的野马，随时都有翻车的可能。与此同时，在错误的导向指引下，全国上下大张旗鼓盲目发展期货市场，中国商品期货交易所从无一下子发展到 60 多家国家级交易所，其数量已超过世界其他地区的总和。在对全国各主要期货市场进行考察后，丁大卫逆潮流而上，果断地向国务院等部门建议，发展我国金融市场的当务之急是，加强宏观调控，整顿金融秩序，坚决制止期货市场盲目发展的现象。这些建议、方案的采纳实施避免了金融/经济危机的爆发，为国家节约了大量的资金和人力物力，遏制了巨额外汇流失，有效地抑制了通货膨胀，促进了中国期货业从无序走向有序。经整改，原有的交易所数量锐减为目前的几家。美中不足的是，国家未能及时制止国债期货交易，从而导致崩盘，造成巨大金融灾难。

与此同时，丁大卫曾不厌其烦地指出，作为众多大宗产品（如粮食、棉花、石油等）的产消大国，中国必须在客观许可的时间内，建立起自己的，有国际影响和竞争力的相关产品的交易所，否则，中国将永远处于被动局面。今天，我们已经可以切身感到国际石油、粮油等价格对中国经济及百姓生活产生的影响。

1993 年 7 月 18 日《中国证券报》发表丁大卫的文章《国际金融

专家丁大卫先生指出：发展我国金融业当务之急是——加强宏观调控规范期货市场》；

1993 年 12 月 7 日，丁大卫在《中国财经报》发表文章《机遇与挑战——中国期货市场的现状与展望》；

1994 年 6 月 10 日，丁大卫在《经济日报》发表文章《从国际经验看——中国金融证券市场应注意的问题》；

1995 年，丁大卫在 95 套期保值国际研讨会发表《着眼现在、展望未来、立足中国、走向世界》的主旨演讲，并将其发表在 1995 年第 10 期的《中国期货》。

在上述文章、建议和演讲中，丁大卫都从不同角度表示了如下核心观点，因为它关系着未来十几亿中国人民的吃穿问题，关系着未来中国经济的可持续发展问题：

"我认为，中国不仅应把期货市场的发展作为总体经济发展的一个重要组成部分，而且应把它当做一场尖端的长期的国际战役来打。这不仅符合中国经济发展的需要，而且符合期货业发展的客观规律。这也是时代和世界赋予我们中华民族的一次千载良机。

"我国地大物博，人口众多，是世界上粮食、棉花等产品的产消大国，现在，又成为一些基本金属的消费大国。这些得天独厚的条件，将使我国在某些商品方面发展成为具有国际权威性的期货交易所成为可能。但是仅有良好的客观条件并不一定就能成功。中东虽然盛产石油，却没有产生一个石油交易所；南美盛产咖啡，也没有形成一个有影响的咖啡交易所。看来最关键的因素还是人。

"假如我国没有自己的粮、棉交易所，或者我国的交易所办得不好，那么关系着十几亿人民吃穿的粮、棉供求关系，就不能通过期货市场得到有效调节。随着市场的逐步国际化，我国粮、棉等商品的价格肯定会越来越多地受到国际价格的影响。

"会不会有一天，我国的粮、棉价格要由芝加哥期货交易所或其他外国交易所来定，就像中东的油价和巴西的咖啡价，很大程度上每天要由纽约交易所来定呢？我认为，这种可能性不但存在，而且很大。假如那一天真的到来，那将是对中国和中国经济一次沉重的、永久性打击。我想那种损失和影响是难以计算的。"

今天我国的经济发展和百姓生活，已经受到不断高涨的国际能源、矿产和粮食等价格的严重牵制和制约。令人吃惊的是，针对这一现象和结果，丁大卫教授的预见居然要比业界早 15 年。如上所述，他曾多次提出警示和解决方案。

目前由美国次贷引发的全球金融危机正在席卷全球，然而，同历次金融危机一样，丁大卫教授事先曾多次向世人发出预言和警示。比如，在 2005 年 9 月 11 日中国（上海）期货投资国际论坛上，丁教授在题为《金融树演绎人民币汇率及中美金融》的演讲中，及同年 11 月在《商务周刊》上发表的《美国赤字加剧的中国问题》一文中分别指出："金融树理论体系认为，地球是有生命的，是圆的，所以能转动，所以是全方位平衡的。因此，地球上的所有事物，也必须遵循地球的规律，也必须是平衡的。否则，灾难就有可能发生。根据金融树理论体系，美国这棵金融树树干的两侧严重失衡，这种严重失衡的状况若得不到修正……整棵树将有可能倒塌。美国这棵树一旦倒了，一定会殃及全世界。因此，解决美国赤字问题迫在眉睫，而且事关全世界。从一定意义上看，美国的赤字，尤其是贸易不平衡，也是世界的赤字和世界的贸易不平衡。美国财政赤字不减，可导致美元及美元资产大幅贬值、全球经济倒退、混乱及人民币大幅升值。"

随着危机爆发的逐步临近，丁教授 2006 年 10 月及 2007 年 3 月 1 日，分别在《商务周刊》"金融无国界"和新浪网等媒体发表的"金融无疆界 风险无极限"的文章中，用提示语写道："资本市场风起云涌并已踏入一个根本性和全球性变革的时代。人们在充分享受现代金融带来的前所未有的便捷、舒适、高效的美妙生活的同时，千万不能忘记，如果管理不当，现代金融就有可能变成洪水猛兽，以排山倒海之势将一个国家、一个地区乃至全球的经济彻底冲垮，而且是在瞬息之间。这就是金融的魅力、穿透力、杀伤力和速度。"

为进一步防止美国次贷危机演变为全球性系统金融危机，2007 年 12 月 3 日，丁教授向中国最高领导层建议并指出，如果连受美次贷危机牵连甚小的中国都顶不住这次危机的冲击，那么此次危机演变成系统性全球金融危机将成必然，中国也将蒙受巨大损失。

在遭受自 20 世纪经济大萧条以来的最大创伤，美国乃至全球金融及经济体系几近崩溃的时刻，美国政府终于如梦初醒，惊讶地发现，美国金融的监管体制各自为政、"铁路警察各管一段"、相互隔绝、东一榔头西一棒子、不成体系、只知其一不知其二、只见树木不见森林的情况，不仅与现实严重滞后、脱节，而且违背了金融发展的客观规律。金融的系统性非常强，要么一通百通，要么似懂非懂。这就是为什么数年来监管部门不能意识到美国的金融体系已经发展到如此糟糕的地步，根本不能及时地发现危机的导火索及其来龙去脉，不能及时地采取有效措施，最终导致全球金融"整体沦陷"的原因。

导致此次危机发生的深层或根本原因是：全球金融从业人员及监管部门不了解金融的属性、生态体系和系统性。事实证明，不了解金融的属性、生态体系和系统性，就不能真正地懂得金融，更谈不上预测、避免金融危机的发生了。

为改变现状，美国财政部长保尔森 2008 年 3 月 31 日正式公布美国金融监管体制重大改革方案。这不仅将是美国而且是全世界有史以来最全面的金融改革。它的意义非同一般且重大，因为它将要改变的不仅仅是金融的监管体制，而更重要的是金融市场的重新划分，游戏规则的重新制定，法律法规。随着上述的改变，早已过时无效的金融知识、教育及会计准则等也将面临全面改革。由于美国金融在全球金融的主导地位，美国金融的全面改革必将导致全球金融的全面改革，因为全球金融一体化已经是无法改变的现实。这将是所有金融从业人员和监管部门向金融的客观规律，即金融的属性、生态体系和系统性迈出的最重要的一步，它将会影响到我们每个人的未来生活。这将是一场旷日持久的改革。然而，丁大卫教授已经远远地走在了时代的前面，因为他早已实现了别人未来想做的事。通过金融树体系、系统金融学、金融生态学等，你可以清晰地看到，金融从哪里来，到哪里去……

尽管这次危机发生前，丁教授曾多次向世人发出警示和可能的结果，但令他遗憾的是：未能如愿以偿如期在危机发生前在美国出版

《金融树》一书，因为该书图文并茂地描述了美国这棵金融大树的危机将如何发生，如何避免。也许该书的如期出版能在避免此次危机方面起到一定作用。

攻克一个又一个世界性难题，为人类造福

难题之一：评判标准，左右不灵；解决方案：金融树价值体系，一目了然

每个从业者都知道，公司业绩的评判标准至关重要，但由于缺乏系统性，会计财务报表记录的是过去已经发生的事，根本不能及时、客观、准确地反映公司的真实价值。待报表出来，一切已成无法改变的既成事实。这一半公开的秘密已经困扰业界精英很多年。近年，为改变现状，美国财务会计准则委员会及国会试图用公允价值取缔账面（报表）价值。该举措同样漏洞百出，遭到业界的强力反对。因为公允价值将变为"无源之水，无本之木"。因此，改也不行，不改更不行。这场关系到整个经济领域和所有公司价值及财务报表的游戏规则变成了进退维谷的世界性难题。然而，丁大卫教授却轻而易举地解决了这一难题。因为通过金融树价值体系，企业的任何价值，如过去价值、现在价值、预期价值、未来价值、会计价值、评估价值、市值等，都可以即时一目了然地显现出来。

难题之二：企业管理杂乱无章；解决方案：全面系统化管理体系

作为管理体系和工具，金融树管理体系能让决策者同时从过去、现在、未来、内部、外部、宏观、微观、静态和动态的角度一目了然地看到企业的现状及潜在问题和风险，并自然地找到相应的系统解决方案，金融树将影响企业、经济及金融的所有因素系统集成到一棵树上，让人一目了然。

金融树管理体系是由金融树企业发展生命体系、金融树现金流管理体系、金融树价值评估体系、金融树价值管理体系、金融树投资组

合管理体系、金融树风险防范体系、金融树资产管理体系、金融树投融资管理体系、金融树全方位平衡管理体系、金融树战略管理体系、金融树企业发展导航体系、金融树企业诊断体系、金融树投资理财体系等组成的庞大系统管理体系。

难题之三：企业的经营目标，困惑与误导；解决方案：终极目标

所有企业经营者都知道企业经营目标的重要性。然而，企业的经营目标总是在不断地变化，而且每一种目标都只是顾此失彼，因此，不但让人感到很困惑，而且误导了很多企业。从资产最大化、企业效益最大化、社会效益最大化、股东（所有者）权益最大化到利润最大化、"资本运营"、市值最大化等，每一个目标都给经营者指明了一个方向，同时又埋下了陷阱。因此而倒闭的企业比比皆是，如美国的安然、世通、中国的新疆德隆、科龙、中关村科技等。丁大卫的金融树体系为企业的快速健康发展提供了独到的，完全符合客观规律的终极目标。

难题之四：金融知识，支离破碎，不成体系；解决方案：创建人类第一个统一体

令世人遗憾的是：直至目前，在全球范围，金融及相关管理学知识、理论和课程，如会计、财务管理、金融及其分支学科如资本市场、国际金融、公司理财、证券分析、投资理财、衍生证券、金融工程、风险投资等，由于人类尚未找到它们、它们之间及它们与外界的客观规律，因此，它们仍然处在充满主观唯心意识的探索中，因此，它们杂乱无章、支离破碎、相互割裂、缤纷零乱、众说纷纭、东一榔头西一棒子、不成体系、抽象空洞、与现实严重脱节。

令世人惊奇的是：经过20多年的不懈努力，丁大卫教授从宇宙的角度，用地球的法则揭示了事物发展的客观规律，其中包括金融、企业、经济等的发展规律和结果。这是一项人类前所未有的奇妙发现和发明。在此基础上，他将金融及管理学的所有分支学科及影响企业、金融与经济的所有因素，按照自然规律系统集成为一个庞大而又一目了然的动态统一体——金融树。这一伟大实现不仅比目前世界上最前沿的管理理论和实践领先很多年，而且彻底改变了会计、财务、金融等学科相互割裂的发展史，创建了人类有史以来全球第一个，包括会计、财务、金融等在内的庞大而又简单的完整系统知识体系、管理体系及教学体系。

难题之五：金融难学难懂难用解决方案：用几天学会几年的东西，且终生难忘

由于上述原因，人们普遍感到金融、财会等非常抽象，看不见摸不着，因此，不仅让外行望而却步，而且让内行感到难学难懂难用。隔行如隔山，但如果你会飞，就不会被山困住。丁大卫将赋予你飞的能力，让人类从繁重、低效的脑力劳动中解脱出来，因为他已经将上述看不见摸不着、抽象难懂的知识和理论变为一目了然，让世上所有想学的人，用几天而不是几年的时间轻松掌握，且终生难忘。未来的商学院几个星期就可以读完，未来人们可以像欣赏电影一样享受其中的奥秘。用最简单的方法解决最复杂的问题，这就是科学的终极目标，这就是金融树的魅力。

生命是由时间组成和体现的，节约时间等同于延长生命。不要说为世界上很多人节省几年的时间，哪怕是一年，也是为整个人类作出了巨大贡献！

难题之六：谁说市场是只看不见的手

任何事物包括市场都有其内在运作规律，这种规律往往是不以人们的意识而改变，因此，人们常说市场是由一只看不见的手操纵的。如果此话成立，那么首先市场是看不见的。然而，在丁大卫教授看来，市场不但是看得见的，而且他可以告诉你不同市场不同的长相和变化，进而对其进行定性、定量分析及准确推论和计算，否则，他怎么能在每次金融危机发生前向世人发出准确无误的警示和结果。比如，1999~2000 年年初，在全球网络公司最"红火"的时候，他指出，网络泡沫将要破灭，纳斯达克即将暴跌，国内网站 CEO 多半要下岗。网络泡沫破灭后，逃过生死一劫的网络公司纷纷转向电子商务，玩起了"鼠标"＋"水泥"的游戏。丁教授接着（2000 年 6 月）指出，电子商务在中国的普及需要一两代人的努力。

不是市场看不见，而是我们的能力和水平有限。古人最早认为天是圆的，地是方的。现代人就不会有这样的误解了，因为你到天上往下一看就知道，地也是圆的。过去，我们面对刮风下雨，几乎是束手无策，听天由命。现在，我们可以积极地预测、预防，甚至改变它。

难题之七：谁说金融危机是不可避免的

由于经济发展的周期性特点，因此，一直以来，经济学界普遍认为经济/金融危机是不可避免的。然而，在丁大卫教授看来，金融危机根本就不应该发生。它之所以发生，是因为我们的从业人员及监管部门还不知道金融危机是如何产生的，更不具备驾驭金融危机的能力。

金融市场，瞬息万变，看似无形，其实有形；看似杂乱无章，其实有着很强的规律性。当然，在人类还无法把握金融规律的前提下，金融危机一定会发生，也是难以避免的。但是金融危机并不是固有的，也不是天上掉下来的，而完全是人为的。凭借金融树体系、系统金融学、金融生态学等，丁教授目睹了历次金融危机的形成过程，并在爆发前向世人发出了警示和结果。

难题之八：为地球上所有事物的发展和管理提供了独特的方法论

丁教授的"金融树"体系、金融生态学、系统金融学等在东方传统文化和西方科学的研究成果的基础上，从宇宙的角度，用地球的法则揭示事物发展的客观规律。"金融树"理论体系认为，作为统一体的地球，它的法则不仅掌控自然，而且掌控所有事物的规律，因为万物是相通的，一旦掌握这些规律，你便知道事物从哪里来，到哪里去，即，一通百通。因此，"金融树"为地球上所有事物的发展和管理提供了独特的方法论，并强调地球上的所有事物首先要符合地球的运转规律。

该文发表在 2008 年 4 月号《市长》杂志，作者鲁大伟。文中本书作者两张照片及人物介绍内容被删除，其他未作任何修改。

第五节：走出金融农耕时代

核心提示：

> 尽管人类已经能够相当准确地预测自然风暴，相当有效地减少它们带来的损失，尽管金融完全是人为的，尽管全世界从事金融预测工作的精英如会计师、审计师、经济学家、金融专家、风险评估师、金融监管人员等比任何领域都多，但面对金融风暴和金融的不确定性，人类仍处在金融社会的"农耕时代"，因为面对金融风暴和金融的不确定性，人类几乎是束手无策，"靠天吃饭，听天由命"。例如，"好天"的时候，傻瓜闭着眼睛都能赚到钱，金融风暴一来，几乎所有人都傻眼了。

万物皆有规律

我们人类所在的地球不仅是由万物组成，而且是一个动态的，全方位平衡的对立统一体，因此，万物又是相通的。进而言之，包括地球、宇宙在内的所有事物，如生老病死、刮风下雨、潮起潮落等，都有它们的规律。这种规律往往不以人类的意识而转移。否则，万物就乱套了，地球和宇宙也不可能存在，更不能持续如此之久。

一旦掌握了事物的规律，我们就知道事物是从哪里来到哪里去，如何为我所用。

例如，牛顿通过树上熟透的苹果落到地上——这一自然现象，得到启示，发现了地球的引力，并对其进行定性、定量分析，从而研究出地球的万有引力定律。牛顿认为，苹果落地的原因在于苹果与地球之间存在吸引力。这种吸引力不仅存在于苹果和地球之间，而且存在于地球与太阳之间，地球与月亮之间……总之，地球与任何物体之间都存在这种吸引力。由于受到地球的吸引，所以物体具有重量。

万有引力定律的发现，是人类在自然科学方面最伟大的成果之一。它把地面上物体运动的规律和天体运动的规律统一起来，对以后物理学、光学和天文学等的发展具有深远的影响。它第一次解释了（自然界中四种相互作用之一）一种基本相互作用的规律，在人类认识自然的历史上树立了一座里程碑。

万有引力定律揭示了天体运动的规律，不仅在天文学、力学、光学、宇宙航行计算及摩天大楼设计等方面有着广泛的应用，而且为人类飞向天空、太空及宇宙奠定了基础。牛顿还解释了月亮和太阳的万有引力引起的潮汐现象。他依据万有引力定律和其他力学定律，对地球两极呈扁平形状的原因和地轴复杂的运动，也成功地作了说明。

作为所谓万物之灵的人类的历史就是把未知世界变为已知世界的探索史。

一方面，现代科技已经非常发达，人类不仅可以"上九天揽月，下五洋捉鳖"，而且能够遨游太空，制造出把整个地球毁灭若干次的能量……另一方面，人类对自然界的认识又是如此肤浅，对宇宙知之甚少，更不用说掌握它们的规律了。比如，直到 20 世纪我们才真正勾勒出整个地球的全貌，在并不遥远的几十年前，地球上曾有许多人如此愚昧无知，竟把"征服大自然，改造地球"视为己任、乐趣和奋斗目标。又比如，尽管我们的科技已经看似非常发达，但我们仍不能确定我们人类自己是从哪里来的，我们的家园——地球又是如何形成的，地球之外的更广阔的宇宙是否还有生命存在。更有甚者，在人类社会、人类文明不断进步的表象掩饰下，在人类尚未找到自己和地球的根源之前，我们的地球已严重失衡，并将给人类带来毁灭性打击。

为什么掌握金融规律比登天还难

根据金融树社会发展生态体系，尽管人类社会发展很不均衡，但在很大程度和范围上，人类社会已经从农业社会、工业社会进入到以知识为主导的信息和金融社会。尽管人类已经能够相当准确地预测自然风暴，相当有效地减少它们带来的损失，尽管金融完全是人为的，尽管全世界从事金融预测工作的精英如会计师、审计师、经济学家、金融专家、风险评估师、金融监管人员等比任何领域都多，但面对金融风暴和金融的不确定性，人类仍处在金融社会的"农耕时代"，因为面对金融风暴和金融的不确定性，人类几乎是束手无策，"靠天吃饭，听天由命"。例如，"好天"的时候，傻瓜闭着眼睛都能赚到钱，金融风暴一来，几乎所有人都傻眼了。

在漫长的农耕时代，人类一直迷信地认为刮风下雨等自然现象是各路神仙或鬼神所致，因此，世界各民族都以各自的方式敬拜它们，以求风调雨顺，五谷丰登。比如，在北京就有天坛、地坛、日坛、月坛等祭拜场所。如今借助气象卫星等现代科技，人类终于发现事实并非如此，刮风下雨乃自然规律所致，而且基本掌握了它们的规律。

自从金融出现以来，人类在享受金融带来的前所未有的便捷、舒适、高效的美妙生活的同时，频频发生的金融危机不断给经济带来致命打击。远的不说，20 世纪 80 年代日本经济突飞猛进，创造了经济发展的世界奇迹，但很快这个奇迹就被金融危机所引发的另一个奇迹所取代——长达近 20 年的经济萧条、萎靡不振；日本经济尚未起色，1997 年又爆发了亚洲金融危机；没过 3 年，2000 年下半年全球网络泡沫大破灭，引发新的一场金融危机；此次由美国次贷引发的全球金融危机是半个多世纪以来规模最大的，给全球经济带来重创，损失最大的恰恰是那些被所谓国际著名评级机构评为最优秀、最安全的跨国金融集团。

由于没有掌握金融的基本规律，人类不仅在金融危机的预测方面

By Andy Newman, AP

图为 2008 年 9 月 13 日飓风在美国德州南部登陆前的红外线卫星图。专家预测 2009 年飓风仍将活跃。

显得束手无策，而且在危机发生后，只能采取头痛医头脚痛医脚、拆东墙补西墙、东一榔头西一棒子、治标不治本的救市方法。

尽管所有的金融危机都不应该发生，都是人为的，但由上可见，金融危机是如此深不可测，防不胜防，更不用说驾驭它了。为什么掌握金融规律比登天还难？

首先，相对其他学科和行业，如物理、化学、机械、天文学等，金融及金融行业非常年轻，在金融树体系问世前，人类还未找到金融的规律；其次，不同于自然科学和人文科学，金融学是自然科学和社会科学的集成，比如，无论是金融体系还是价值的变化规律，既有生态性、物理性、系统性、线性，还有非线性、信息性和心理性等。我们知道解决未知问题的最好方法是进行定性和定量分析。然而，针对这样一种难以定性、定量、瞬息万变的综合复杂现象进行分析，几乎是不可能，因此，掌握金融规律比登天要难得多，事实上，人类早已实现遨游太空的梦想。

说到底，金融的核心就是价值判断，而价值判断就是决策，而影响决策的东西不光是客观因素，还有很多主观因素。因此，金融学既有精确的地方又有非精确的地方。但就整体而言，尽管金融不是一门精确学科，但它是一门比精确学科（自然科学）还要复杂得多的综合学科或科学。金融有其独特的逻辑性。

遗憾的是，在金融树、系统金融学、金融生态学等问世之前，金融学尚未系统化、科学化，人类更多的是从主观意识出发研究金融，各种金融学科和分枝繁多，杂乱无章，不成体系，没有一门能揭示或解释金融规律。又比如，比较流行且时髦的金融工程学等，更多的是从数理逻辑机械地简单研究和解释金融现象，因而从未也不可能找到金融的规律，也难以解释、解决现实中的金融问题。正如已故诺贝尔经济学奖得主，美国芝加哥大学教授默顿·米勒所说："如果理论前提远离现实，那么结论就难以解释现实。"

金融树：金融社会的福音

然而，让全世界震撼的是，经过 20 多年的不懈探索、潜心研究与大量实践孕育而生的金融树体系，终于揭示了金融的客观规律，而且是金融的唯一系统规律。它不但能解释所有的金融现象，解决现实中的所有金融问题，而且从根本上解决了金融是从哪里来到哪里去的问题。

《第一财经日报》这样写道：通过金融树体系、系统金融学和金融生态学等，看似错综复杂、缤纷零乱的金融世界其实有着很强的规律性。《国际商报》写道：毫无疑问，金融树体系、系统金融学、金融生态学的发明创造足以震撼全世界，并让全世界从中受益。清华研究生，现从事对冲基金工作的幸琳写道："金融树理论体系，我只是理解了一点点，不过已经感觉到了它巨大的解释力和预测力。"信博力（北京）投资有限公司总裁，《证券投资原理与策略》作者杨鋆焱写道："在金融领域，大卫先生的金融树理论就像物理界爱因斯坦的统一场理论一样具有划时代意义，爱因斯坦在有生之年由于受当时科学水平的限制没能实现其理想，但大卫先生做到了。"对外经济贸易大学的李懿栩写道："虽然我还未完全掌握金融树的理论，但是我已经感觉到，这是一套神奇的理论体系，通过浅显的自然规律演绎深奥的金融知识，不禁令人拍案惊奇，太巧妙了！"

金融树体系通过天地规律的集大成者——树，终于发现了"金融"与"树"的逻辑关系和奥妙关系，揭示了金融发展变化的客观规律。"金融树"体系通过一棵形象的"金融树"表述出来，让普通人理解金融规律，按照自然的规律、层次、结构、逻辑，将影响企业、行业乃至国家的所有因素，如会计准则、财务、资产负债表、账面价值、评估价值、利润、市值、市盈率、风险因素、汇率、资本市场、股票、债券、期货、期权、管理团队等，统统系统集成到一棵可视化的"金融树"，让人实实在在地看到它们之间的关系、作用、逻辑和变化等。

任何事物都不是，也不能孤立存在，换句话说，任何事物，都是在一定的系统中存在的，都有系统规律，都存在能量守恒，能量转换的问题。就拿我们熟知的汽车来说，它就是由许多看似杂乱无章、缤纷凌乱的零部件系统集成的结果。懂行的人都知道，汽车的哪些部件坏了，会导致什么样的后果，哪些是致命的，哪些是无关紧要的。明白了这些，你就会心中有数，不会盲从。

看似无形的金融产品/资产（股票、期货、期权、股指、债券等）其实是有形的。金融资产是由实物资产演变而来。如同天上的云主要是由地上的水蒸发而成。云集中到一定程度，就会以雨、雪、冰雹等形式回到地上。所以，天上的云，地上的水，基本上是同一物质的不同表现形式在天地间循环。

同汽车一样，金融市场也是由许多零部件组成，不同的是，这些零部件是金融资产，而且"长"在"树"上，因此，它们随时都在发生系统变化。所以，看似杂乱无章、缤纷凌乱的金融市场同样有着很强的规律性。不同于汽车的机械和电动的物理性变化，金融市场的变化更多是生态性变化。金融的规律同自然界树的规律如出一辙。

因此，无论是谁，监管部门、理论研究者、专业投资者还是普通投资大众，谁掌握了"金融树"上的各种零部件的准确定位、性质、相互关系、相互作用及它们与外界的关系和作用等，谁就可以一目了然地看到整个金融市场的系统变化，从中找到规律。

比如，1993 年，正当全国上下大张旗鼓盲目发展期货市场的高峰阶段，中国商品期货交易所从无一下子发展到 60 多家国家级交易所，其数量已超过世界其他地区的总和，笔者顶着巨大的压力和潮流，果断地向国务院等部门建议，发展我国金融市场的当务之急是，加强宏观调控，整顿金融秩序，坚决制止期货市场盲目发展的现象。经整改，原有的交易所数量锐减为目前的几家，期货市场盲目发展的现象得到了根本的遏制，国家避免了巨大损失，有效地抑制了通货膨胀，避免了金融危机的发生。美中不足的是，国家未能及时制止国债期货交易，从而导致崩盘，造成巨大金融灾难。与此同时，笔者进一步指出，作为众多大宗产品（如粮食、棉花、石油等）的产消大国，中国必须在客观许可的时间内，建立起自己的，有国际影响和竞争力的相关产品的交易所，否则，中国将永远处于被动局面。今天，我们已经可以切身感到国际石油、粮油等价格对中国经济及百姓生活产生的影响。针对多次呼之欲出的股指期货推出问题，我从 2000 年就开始表示，期望能尽早推出，但推出的时机尚不成熟。

上述已被现实证明的准确无误的建议和判断完全是建立在金融的系统生态规律上的。即，现货市场是基础证券市场的基础，基础证券市场是衍生证券市场的基础……它们一环扣一环，体现了经济发展由低级向高级的内在自然规律。一个有效性较差的基础证券市场决不会产生有效的衍生证券市场。好比一个婴儿站都站不起来，你就想让他跑，他不但跑不起来，而且一定要摔倒；一棵树，根还未扎牢，你就想让它长出很大的树冠，那是不可能的。即使你人为地造就了很大的树冠，它还是要倒塌的。

又比如，1999—2000 年年初，正当全球网络经济"风起云涌"的时候，我多次在媒体逆势指出，网络泡沫将要破灭，纳斯达克股市将要暴跌。随后发生的一切，世人都看到，都经历了。雅虎的股价从

250 美金一股跌至几美金，市值下跌 100 倍左右。根据金融树理论，无论是当时的股市这棵大树，还是许多个股的小树，它们的生态体系和价值体系已被人为地严重扭曲，树根已无法支撑庞大的树冠，校正是必然的，而这种校正必须以股价暴跌的形式发生。

概而言之，作为管理体系和工具，金融树管理体系能让决策者同时从过去、现在、未来、内部、外部、宏观、微观、静态和动态的角度一目了然地看到个人、企业和国家的现状及潜在问题和风险，并自然地找到相应的系统解决方案。

作为全球独一无二、最先进、最有效、最实用、最完善、最准确的系统金融知识体系、管理体系和教学体系，金融树正在并将解决金融社会的核心问题，即，影响每个人、每个家庭、每个企业、每个国家乃至全球的核心问题——金融。毋庸置疑，金融树体系是现代社会最伟大的发现、发明和创意之一。金融树的推广普及将使全人类受益匪浅。

第六节：树的神奇

核心提示：

树乃天地规律的集大成者！这一发现可能是人类历史上最伟大的发现。树，以全维的方式与宇宙万物互动，无事不知，无所不晓。并非所有科技发明都代表人类进步。如果我们不愚蠢，我们可以让树启迪人类思维，让树的智慧、规律、逻辑和记忆向我们提供各种各样有用的知识，使我们既可通晓过去，也可预卜未来。"金融树"正是通过树揭开了金融与危机变化无常的神秘面纱，找到了金融的唯一系统规律。

我们知道地球是由万物组成，万物皆有规律，否则，就乱套了，地球也不可能存在如此之久。由此判断，作为万物之母的地球一定有着精美绝伦的规律。人类已经发现一些基本规律和特点，如地球引力、相对性、对立统一、统一场及时空动态平衡等。

地球为万物之母，万物一定受制于地球的法则。那么，地球上有没有一种物质最适应地球并能最完美地代表或体现地球的规律呢？如果有，这种物质又是什么？依据何在？我们人类又能从它学到什么？

天地规律的集大成者

众所周知，包括人在内的所有事物都是特定时空（环境）的产物，这些产物又能最好地适应、代表或体现它/他们所在的时空，比如爱斯基摩人和哈士奇雪橇犬就是阿拉斯加的最好代表和体现；冰川、北极熊、企鹅、海豹、海狮等就是北极的最好代表和体现。那么什么又是地球这个掌管万物的大时空的最佳代表和体现呢？经过20多年的不懈探索和研究，笔者终于发现这个物质不是别的，就是树！

为什么说树是天地规律的集大成者？经过多年的研究与实践，笔者发现地球的所有规律和特点几乎都能在树中得到体现，如地球的物理属性、地球的时空属性、地球的生命属性、地球的守恒属性、地球的系统性、地球的逻辑性、地球引力、地球的全维对立统一性乃至地球与日月星辰的关系和运作规律等。树不但能彰显地球规律，而且可以将它们演绎得淋漓尽致。比如：树不但可以根据日月星辰的变化告诉我们春夏秋冬季节及气候的变化，而且可以通过年轮的方式记录这些及其周围环境的变化;受地球引力及日月的影响，树不但是全维对立统一平衡的，而且树根与树冠分别以伞状同时向不同的方向生长：所有植物都是向阳的并与日月互动，一些植物或树的叶子或花，每天会随着太阳的渐渐升起逐步打开，随着太阳的渐渐落下逐步关闭。树，始终是人类了解天地规律的忠实而又准确的信使。当然，树如何演绎天地规律的例子举不胜举，在此笔者无须赘述。

为什么树是天地规律的集大成者？原因何在？

树，之所以成为自然规律的集大成者，笔者认为原因诸多，现简要归纳几条如下：

首先，树，根植于大地，伸展向天空。就其生存方式而言，它与天地同在，与日月星辰同呼吸共命运。它以全维的方式感受大地与天空及宇宙的变化。因此，我们可以看到树无时无刻不在与宇宙万物互动，并成为自然的重要组成部分和代表。

其二，就其存在的时间而言，越来越多的科学发现和证据显示，树，不仅是地球上生存时间最长的物种，而且它的寿命要比其他所有生物长得多，有的树的树龄高达万年甚至几万年，千年古树更是比比皆是。

其三，就其存在的空间而言，有科研结果显示，地球上生物量的

99%是植物。虽然该结果没有分别显示树在植物中的比例，但是作为常识，我们知道身为植物之王的树木几乎覆盖了地球的整个陆地，其中包括很多人类不能生存的地方，如高山、峡谷、热带雨林、严寒地区等。这一事实即说明，包括树木在内的植物相当善于处理与环境之间的关系。不仅如此，笔者还发现，它们还相当善于处理彼此与其他植物的关系。这种关系是万物和谐相处的关系，并非人们通常认为的森林法则——弱肉强食。否则，我们今天看到的只能是那些最强悍的动物和植物。

其四，就其体积而言，树，毫无疑问，是地球上最大的生物。美国红杉树国家公园的巨大红杉树，直径相当于两辆公交车的长度，高度接近一个足球场的长度，体积相当于 25 架波音 757 飞机的总和。

其五，就其智慧而言，坚持认为植物有智慧的学者认为，植物不仅有智慧，有时甚至超越动物。植物具有预见性、灵活性和适应性。身为植物之王树的智慧更是领先其他植物。此外，树的逻辑性、全维性、系统性、对立统一平衡性及记忆力等都是很多事情无法比的。

综上所述，无论从哪个角度看，用哪种方法测量，树木都是无与伦比的。树，在时空的最大范畴，以全维的方式，与宇宙万物互动。它的生命力、它的全球性几乎可与天地相媲美，是当之无愧的天地规律集大成者。

人类的慧根

事实证明，人类所有发明创造都是在对自然规律认识和掌握的基础上完成的。这也是天人合一为普世价值的终极实现。树为人类认识宇宙，揭示真理提供了最直接、最客观的智慧根源。

任何事物既是时空的产物又都处于一定的时空之中，也就是说事物的存在和变化是系统的，多维的，甚至全维的。然而由于极其特定有限的生存空间，人类对客观世界的感悟非常有限和片面。比如我们人类主要通过眼睛"见识"世界，然而我们的视力是单向的，我们肉眼看到的只是事物的一个点或一个面，即一维或二维，我们只能见表不见里，见近不见远，见前不见后，因此，我们人类的认识往往与客观世界存在很大差距。这也是为什么，对待同一件事物，不同的人，不同的国家，站在不同的角度，出于不同的目的，会有截然不同的看法，及历史可以被任意歪曲的原因。我们人类直至近代才改变了"天圆地方"的错误认识。实际上通过树根和树冠，我们就可以判断出天是圆的，地也是圆的，因为作为天地产物及其规律的代表，地下的所有树根和天上的所有树冠都是圆的，因此，天地也必须是圆的！

古代传说

有关树与智慧或树的智慧的传说，古今中外，世界各国各民族都有很多说法，因此，树几乎成了智慧的象征和代名词，"智慧树"也成了人类常用的名词。物种起源进化过程中，树是最重要的物种，它大概就是传说中的神！树一直庇护着万物生灵！

北欧神话中，有一棵叫伊格德拉西尔的世界树，它萌生于过去，繁茂于现在，延伸到无限的未来。它的枝干支撑着整个宇宙，它的根部贯穿整个大地，它的三条主根之一延伸到"巨人国度"，从下面的"命运与智慧"之泉吸取养分。这样的神话在新西兰毛利人的传说中也被屡屡提到。北欧神话中的主神，奥丁用自己的长矛将其钉在世界之树上，苦苦煎熬了九天，最终学到了九首诗歌和十八种法术。

信佛和知晓佛教的人都知道，佛主释迦牟尼充满无上智慧，能够洞悉大千世界，宇宙万物。那么，佛主的智慧又是从哪里来的呢？据说释迦牟尼是在菩提树下冥思修炼了七七四十九天，顿生彻悟，终成正果。因此，菩提树又称觉（悟）树、智慧树、道（场）树、思维树、佛树等，代表智慧的源泉。

一个极其有意思的现象是，无论北欧神话中的主神奥丁，佛主释迦牟尼，还是耶稣基督，他们的智慧，一方面都与树有关或者说来源于树，另一方面都像凤凰涅槃一样浴火重生，这绝非巧合。

在我国古代，树的智慧同样得到充分认可和彰显。比如，古人用"一叶知秋"表示从一片树叶的凋落，知道秋天的到来，比喻通过个别的细微的迹象，可以看到整个形势的发展趋向与结果。又比如，"天干地支"，不仅是我国古人的历法而且是用于观察和解释宇宙万象的方法。其中的"干支"取义于树木的"干枝"，即"干者犹树之干也，支者犹树之枝也"。天干承载的是天之道，地支承载的是地之道；故知天干是入天之通道，知地支是法地之通道。在天成象，在地成形，在人成运。天道和地道决定着人道，故设天干地支以契天地人事之运。天地定位，干支以定时空，时空以定世界。干象天而支象地，万物虽然都长在地上，但是万物的生长却离不开天。由此可见，天地规律皆有树的干支来承载和解释。道法自然，法天象地；树，顶天立地，经天纬地，乃天地规律的集大成者，当仁不让。

现实世界

在现实世界，树给人类带来的智慧和启迪无所不在，无时不有，并始终是人类从主观世界走向客观世界的向导。现随意举几个例子说明如下：

第一，我们可以把树看成是一种重要的非线性数据结构，（大自然主要是非线性结构，而作为人类重要感官的眼睛看到的更多的是单向的线性结构，这也许是导致主观认识与客观世界巨大差距的重要原因。）直观地看，它是数据元素（在树中称为节点）按分支关系组织起来的结构。树的结构、原理、规律和逻辑在客观和主观世界中广泛存在和应用，如人类社会的族谱（Family Tree）和各种社会组织机构都可用树形象表示。事实上，一切具有规律、层次、系统、多维、复杂、因果、逻辑关系的事物和问题都可用树来描述，而世界上绝大多数的事物和问题都具有上述关系，因此，树，当之不愧为天地规律的集大成者，地球万物的最佳代表。

第二，既然宇宙是一体的，万物是相通的，那么涉及宇宙万物的规律和知识如同树的根、干、冠及枝叶等也是一体的。这就是为什么自古以来人类种地要靠天，因为天地相连；中医看病要用阴阳五行，因为人体与天体有关。然而，为了方便研究获取知识，原本客观一体的知识体系自牛顿时代以后被人为地分割为各种不同的分支学科。"分支学科"中的"支"来自树枝的"枝"；"科"字由"禾"和"斗"组成，表示植物和谷物的分门别类与计量，可见，树给人类带来的启迪多么深远。不过，合久必分，分久必合，万变不离其宗，为了更好地发现和掌握客观规律，现在已经到了所有支离破碎的分支学科归一到一棵完整的"知识树"的时候了。

第三，牛顿通过树上熟透的苹果落到地上——这一自然现象，得到启示，发现了地球的引力，并对其进行定性、定量分析，从而研究出地球的万有引力定律。牛顿认为，苹果从树上落地的原因在于苹果与地球之间存在吸引力，确切地说，地球对苹果的吸引力大于苹果树对苹果的吸引力。这种吸引力不仅存在于苹果和地球之间，而且存在于地球与太阳之间，地球与月亮之间……总之，地球与任何物体之间都存在这种吸引力。由于受到地球的吸引，所以物体具有重量。

第四，决策树（Decision Tree）是管理科学中的决策科学的重要组成部分和方法，并在决策、分析、计算、金融等很多领域广泛应用。"决策树也是解决决策问题时所使用的一种分析工具。绘制决策树的步骤是，首先画一个方框作为出发点，称为决策点。从决策点画出若干直线，每一直线代表一个方案，该直线叫做方案支。在各个方案支的末端画一个圆圈，称为机会点。从机会点引出若干直线，代表自然状态，称为概率支。把各个方案在各自然状态下的利益或损失的数字记在概率支的末端，这样就构成了决策树。它的原理是，如果决策树作为一个整体系统必须满足一定条件，则各子单元也必须满足相应条件；如果每一级都达到规定目标，则最高级也可达到规定目标。这种方法有利于管理人员使决策问题形象化，把各种可以更换的方案、可能出现的状态、可能性的大小以及产生的后果简明地绘制在图纸上后，便于集体讨论。在讨论研究中，决策树可以随时补充和修正。"（摘自《安全工程大辞典》化学工业出版社，1995 年 11 月出版）

第五，树在计算机领域中的作用和应用已经变得不可或缺。如在编写源程序时，可用树表示源程序的语法结构，又如在数据库系统中，树型结构也是信息的重要组织形式之一。如今，根目录、子目录、二叉树（Binary Tree）、分支、节点、叶子、树状等已成为计算机领域的最重要方法和语言。

二叉树很像一株倒悬着的树，从树根到大分支、小分支直到叶子把数据联系起来，这种数据结构就叫做树结构，简称树。树中每个分叉点称为节点，起始结点称为树根，任意两个节点间的连接关系称为树枝，结点下面不再有分支称为树叶。节点的前趋节点称为该节点的"双亲"，节点的后趋节点称为该节点的"子女"或"孩子"，同一节点的"子女"之间互称"兄弟"。

二叉树是一种十分重要的树型结构。它的特点是，树中的每个节点最多只有两棵子树，即树中任何节点的度数不得大于 2。二叉树的子树有左右之分，而且，子树的左右次序是重要的，即使在只有一棵子树的情况下，也应分清是左子树还是右子树。

第六，从金融的属性、来源、系统性和变化规律看，金融与树如出一辙。多年的研究与实践证明，金融就是"树"！金融树（FinancialTree）通过树，揭示了金融发展变化的唯一客观规律。违背了"树"的原则和规律，金融危机就一定会发生。

金融树体系（FinancialTree System）通过天地规律的集大成者——树，终于发现了"金融"与"树"的逻辑关系和奥妙原理。"金融树"体系按照自然的规律、层次、结构、逻辑，将影响企业、行业、国家乃至全球的所有因素系统集成到一棵可视化的"金融树"上，将金融的宏观及微观规律演绎得淋漓尽致，让人一目了然全维地看到它们之间的关系、作用、逻辑和变化等。它不但能解释所有的金融现象，解决现实中的所有金融问题，而且从根本上解决了金融是从哪里来到哪里去的问题。

作为自然规律的产物和集大成者，树先知先觉，金融树继承了树的预见性"基因"，因此可以在金融危机爆发前，发出警告并预示结果。

综上所述，显而易见，古今中外，从神话到现实，树，作为地球上存活时间最长久的物种，作为自然规律的集大成者，能够最好地展现揭示天地规律，因此始终是人类取之不尽，用之不竭的智慧源泉。

树是活档案，无事不知，无所不晓

树是活档案，树干里的年轮就是证明。春夏秋冬，周而复始，循环不已。这样，树，就通过它的年轮将自身及其周围的发展变化客观忠实地记录下来。年轮不仅能说明树本身的年龄，还能说明每年的降水量和温度变化。年轮上可能还记录了森林大火、早期霜冻以及从周围环境中吸取的化学成分。因此，只要我们知道如何揭示树的秘密，它就会向我们诉说从它出世起，周围发生的大量事情。树可以告诉我们有文字记载以前发生过的事情，还可以告诉我们有关未来的事情。树中关于气象的记录可以帮助我们了解促成气象的那些自然力量，而这反过来又可帮助我们预测未来。

通过对树木年轮的研究，可以了解过去的气候变化、生态干扰、自然灾害、森林生长及环境变迁等的高分辨率特征和历史状况。研究结果可增进我们对未来全球变化的认识，进而为有关国际组织和政府部门提供全球变化的背景信息和社会经济可持续发展建议。

树的年轮如今已成为科学家研究的一个重要领域。通过年轮，人们不仅可以测定许多事物发生的年代，测知过去发生的地震、火山爆发和气候变化的情况，而且还可以推断未来。科学家已经获得许多出人意料、令人惊讶、前所未有的发现。许多看似风马牛不相及的事和物正在被一个新的科学研究领域联系起来。年轮已成为人类学乃至环境保护学等许多学科研究的对象。

人类历史上最伟大发现

树乃天地规律的集大成者，这一发现可能是人类历史上的终极发现、最伟大发现。这恐怕就是真正的颠扑不破的放之四海而皆准的普遍真理。为什么这么说？原因诸多，略举一二：

首先，地球由万物组成，万物皆有规律，而这一发现揭示的是地球的系统规律，也就是万物规律的规律，所以它也是，也应是人类发展必须遵循的终极法则。

其次，并非所有科技发明都代表人类的进步，因为衡量人类进步的标准不应局限于人类尤其是部分人类的眼前利益，而应着眼于整个人类与地球的长久和谐相处。从这个意义上说，不少科技发明可能只符合地球规律中的某些个别小规律，但却违背了整个地球的大规律。比如：很多科技如武器尤其是大规模杀伤性武器、化学武器、核武器等不仅把人类而且把地球带到了毁灭的边缘，这也是为什么人类必须禁止这类科技发展的原因，这也许是为什么原子弹理论奠基人爱因斯坦在美国向日本投放了世界第一颗原子弹之后的十年间，耗费大部分精力倡导"禁止使用核武器"运动的原因。克隆人的技术不能说不科学不先进，但是如前所述，规律外面还有更大的规律，由于它违背了天理，所以它的实施普及将导致人类自我毁灭；还有很多所谓"先进"的科技，表面上看，似乎给人类带来美好的生活，但实质上，它们一方面在加速破坏人类赖以生存的地球，另一方面使人类远离自然，只能生存在人造的世界里，导致人类退化。外界环境一旦发生变化，或者一旦失去赖以生存的工具，人类就难以生存。

最后，不要忘了，事物都是对立统一的，当然规律也是对立统一的。很多东西看似很好，一旦把它们放进更大的规律中，你就会发现，它们带来的只是"对立"没有"统一"，或者相反，如包括上述克隆技术在内的许多科学技术的发明发现和应用。对立统一是地球的最重要法则之一，体现在宇宙万物之中，如单独地看，美国的一些金融产品、金融市场及其过度依赖金融的经济发展模式等完美无缺，但如果你能把它们放进更大的规律中，你就会发现，它们只有统一，没有对立，违反了更大原则，尤其是地球法则。而所有地球法则都蕴涵在自然的树中。所以，如果我们不愚蠢，我们可以让树启迪人类思维，让树的智慧、规律、逻辑和记忆向我们提供各种各样有用的知识，使我们既可通晓过去，也可预卜未来。

第七节：植物智慧启迪人类重新思考

核心提示：

坚持认为植物有智慧的学者认为，植物不仅有智慧，有时甚至超越动物。植物具有预见性、灵活性和适应性。地球上生物量的 99% 是植物这一事实即说明，植物相当善于处理与环境之间的关系。

植物具有预见性、灵活性和适应性

英国爱丁堡大学托尼·特雷瓦瓦斯认为，长期以来，人们过低估计了植物的智慧。植物具有计算能力，不仅能够超前处理未来发生的问题，即预见将会出现的麻烦并作出避免这类麻烦的决定，而且记得在它们身上曾经发生的一切。

植物学家早就发现，植物能按比例计算出附近草木受到红外线辐射后对射线的迁移，并用绿叶吸收红光并反射红外线以减少对自身的伤害；它们还能预测未来在何处会遭遇竞争与被遮挡光线，如果有必要，就采取入侵行动，率先长出枝叶占领有利位置，让整个身体包括根茎结构、叶片数目及大小，在阳光下获得最适宜的位置。

植物对环境的适应能力令人惊叹。一种叫做"dodder"的寄生植物，入侵战略异常出色。

早在 1990 年，英国研究人员就发现 dodder 没有光合作用，但它盘绕宿主植物，用枝芽刺进宿主体内吸收营养分和水分。这种寄生植物先预算宿主能产生多少能量，据此决定入侵（寄生）程度。

如果宿主枝大叶肥能量多，dodder 就会多盘绕宿主几圈，长出较多枝丫吸取营养；如果宿主树体较小，dodder 就会少盘绕几圈，避免自己的能量过多浪费。这种数学计算类似动物计算何时该进食、何时该运动。

研究发现植物有知觉，能感受阳光、声音、震颤、接触以及化学物质，也能对水、温度与地心引力作出反应。

植物对上述因素作出反应的结果，一般是改变生长模式；这种改变相当复杂和多变，也是人们几乎无法想象的。

植物惊人的"规避"行为，就是典型的对环境的一种反应和适应。棕榈树有一个长在主根上的杆茎，它借此得以在土壤中挺立。但当邻居争夺它的光线或营养供应时，它会向阳面长出新的主根，将整体移到阳光照射的地方，而处在阴影的那部分则会死去。

此外，一些实验证明，相邻植物能彼此感受到竞争者根须的存在，因而会向另一个方向生长，植物的这些行为是有意为之，可谓是对环境的有意适应。

植物还有类似人类的反射和直觉。当它们预感到邻居有可能长得超过自己时，就会迅速生长超越邻居。这意味着植物邻里之间达成一种妥协，以此解决某些冲突。

然而，一些植物对环境并非仅仅只有这样简单的反应。比如它们在土壤中的根须常常伴随矿物质或湿度而转移。一种属于匍匐草类的草本植物叫做"glechoma"，当它们生长在肥沃的土壤中时，会长出很多分支和叶；也会快速长出一团团的根，充分吸收局部土壤的营养。但是，当它们长在较为贫瘠的土地上时，会蔓延得既宽广又快速，好似逃窜一般；而根茎通常变得较细，分支也迅速减少。

由此可以看出，植物对环境状况作出的反应非常主动。

大多数科学家认为，植物对环境的反应是预定的反射结果，也是千百万年进化过程中形成的精妙结果。

植物的"神经系统"在何处

有人认为，植物同动物包括人类的真正区别，在于不能运动和没有语言。

然而有科学家认为，植物也在运动，其运动的方式表现为根和种子的生命运动以及体内的物质运动。而且从本质上看，植物智慧的物质基础也许和人类差不多。

人和动物的智慧源自神经系统的活动和对周围环境的反应，而植物能对环境作出的反应是它们接收信号分子。有研究表明，植物对环境的适应性表现为 15 种以上不同感觉信号的传递，包括光、水、化学物质、地心引力、对土壤的感受以及受到损伤。无论这些因素同时出现还是单个出现，它们都感觉得到，而且能够加以比较。

这些信号分子构成系统对计算和认知的作用至关重要。

达尔文早在 100 多年前就指出，光线在早期对植物的作用，恰恰如同神经系统对于动物的作用一样。但是只有在分子生物学发展的今天人们才明白，动物的神经系统与植物的信号系统多么相似，而且是本质上的相似。

植物如果受到外来刺激，如上述所说 15 种刺激，会通过细胞膜电压的变化把电子信号从一个区域传导到另一个区域，这种传导如同人类神经系统信号传递一样。比如疼痛，植物可以通过信号表达某一部分受伤的情况。

大量研究发现，植物细胞内部或细胞之间用于传导信息的许多化学物质，正是人类大脑细胞内部或细胞之间用于信息传递的那些化学物质。动物和植物细胞都对蛋白质、核酸、各种离子、激素、谷氨酸盐、钙、核苷酸和蛋白质酶等起反应作用。

植物与动物构成认知和记忆的分子基础同样相似。动物知道在危险面前迅速撤离，比如让它们生病的事物以及伤害它们的电网，这是因为他们体内的电信号会在一分钟左右迅速增加；而被称为第二信使

247

的钙离子和几种酶，会迅速开启细胞间的离子通道传递信息。假如环境中的威胁持续存在，这种高度认知和识别能力就会转变成长期性的意识，方法是靠基因表达和生产蛋白质，在细胞间创造更多的离子通道或更多的联系。

植物"神经系统"怎样运作

实验证明，植物细胞之间的离子通道——主要是钙离子通道，就是其神经系统，而这种信号系统中微小的差别，就是植物"大脑"发出和接受的信号。如同动物一样，植物中的钙离子主要是把感觉信息转换成一种内部语言的媒介，而这种内部语言是由不同的信号合成的。

实际上，钙离子水平在同一时间和不同时间短暂的增多与减少，会使植物获得不同的感觉信号。这可以极大地帮助植物区别不同的感觉。因而钙离子系统可能就是植物计算和决策的区域，也是记忆贮存的区域。

比如植物缺水，准确的信号分子（钙离子）就启动或关闭敏感通道，受这个信号的调节，植物会关闭气孔和采取其他方法控制细胞水分流失。这种状态经历较长时期后，基因表达和蛋白质合成的比率也相应产生变化，植物的细胞壁就变厚，叶子也变小。最终植物会长成多根须、少枝丫和少叶子的模样，以利于植物节水；而在有效的变化发生前，植物通过试验和对错误认知"反省"前，能把更多的压力和伤害最小化。

植物还能根据环境信号，如营养、温度、湿度以及自身历史、年龄、以前患过的疾病等改变战略。

试验证明钙离子不会移动得太远，它们只通过细胞膜周围的离子通道，从细胞的一个存贮点扩散到不远处。但当结合了其他不同的化学物质和酶时，它们能激活邻近的钙离子通道，最后让信号传导到相当远的地方。这种离子通道有些像人的神经网络的一个节点或结节；

而每个结节也是一个开关，不过它们比较易于打开和关闭，因而比较容易操作。

在信号通过节点特别通道时，它们能在细胞膜的开启下有效地联结起来，于是结点就把信息直接沿特殊通道传递，而且节点也能在同一时间输送或关闭信号，就像计算机网络的逻辑开关一样。此外，这种节点还可以依据过去的信号而设计成为敏感性较强或较弱的开关。

植物过去获得的信号就是一种学习或认知。

研究证明，植物可以把获得的不同的信息资源结合在一起，或分成先后顺序，或权衡轻重，甚至忽略一些信号。在更大的范围，围绕网络的钙离子活动可以整合成离子波或震荡。这些特点都是动物的神经网络所具有的。可以说，钙形成了控制植物环境适应性的智力系统的基础。

植物没有大脑却能以整体为基础计算如何适应环境，这本身就相当卓越。即使这种无意识的控制行为算不上智慧，植物也完全清楚做什么是对的。这也许能促使人类重新思考，如果没有中枢神经系统帮助，人类能做何种复杂的事物，又能做何种计算？

该文系科普作家和学者张田勘先生所作，2003 年 1 月 14 日发表在《大众科技报》，2004 年第 4 期《科技文萃》转载，现经作者授权，收入本书。

第八节：新金融：金融世界的 GPS

核心提示：

宇宙由万物组成，万物皆有规律，但是，了解和认识客观事物是一个漫长的过程，人类对客观事物的正确认识还非常有限。GPS 是全球定位系统的英文缩写。在 GPS 问世之前，司机根本无法知道周围的路况，如今人们几乎可以通过 GPS 准确查找任何事物，无论它们在地球的任何角落。这背后的原因就是 GPS 从太空不同的角度多维审视地球，并将信息传到地面。同理，看不见摸不着，缤纷凌乱的金融世界，通过以金融树为核心的新金融科学体系，同样可以一目了然。新金融就是金融世界的 GPS！

什么是 GPS

GPS 是英文 Global Positioning System （全球定位系统 ）的简称，而其中文简称为"球位系"。GPS 为人类认识地球万物提供了一套具有里程碑意义的操作体系。

GPS 的产生

包括人类在内的任何事和物都是天地时空的产物，天地时空是人类赖以生存和发展的环境，因此，探索和掌握天地规律对人类的生存和发展至关重要。人类的历史就是不断探索、学习和遵循自然规律的历史。人类的认识过程和目的就是不断地从主观变为客观。

"一道闪电"是固有说法，因为人类肉眼看到的往往是天空的一道闪电，其实不然，这是高速相机拍到的天地对接树状或网状闪电

251

　　然而，人类感官直接认识客观世界的能力非常有限，比如人类的肉眼是单向的，短视的、片面的，因此，人类肉眼看到的事物往往与客观事实存在很大差距，甚至是扭曲和误导的。客观事物存在与发展的形式与人类的感官系统完全不符。比如事物的存在和发展往往是系统的，多维的，甚至是全维的。因此，人类要找到天地规律非常难。因此，要想正确地认识自己和客观世界，人类就必须采取系统的，多维的，甚至是全维的方法。盘古开天以来，人类竭尽各种思索、方法和仪器来认识我们赖以生存的地球，GPS 就是迄今最有效的方法和工具之一。

　　GPS 是人类智慧的结晶，尤其是人类顶尖智慧，因此，在整个 GPS 体系中，无处不闪耀着伟大科学的光芒：万事万物背后都有数的法则在起作用——2500 年前古希腊数学家、哲学家，毕达哥拉斯树（勾股定理）、几何算术的发明人毕达哥拉斯；自然界中任何两个物体都是相互吸引的，地面上物体运动的规律和天体运动的规律是统一的——高等数学、现代光学、现代物理学、现代天文学的奠基人牛顿；物体质量的改变，会使能量发生相应的改变，而物体能量的改变，也会使质量发生相应的改变——相对论、统一场论的创始人爱因斯坦。

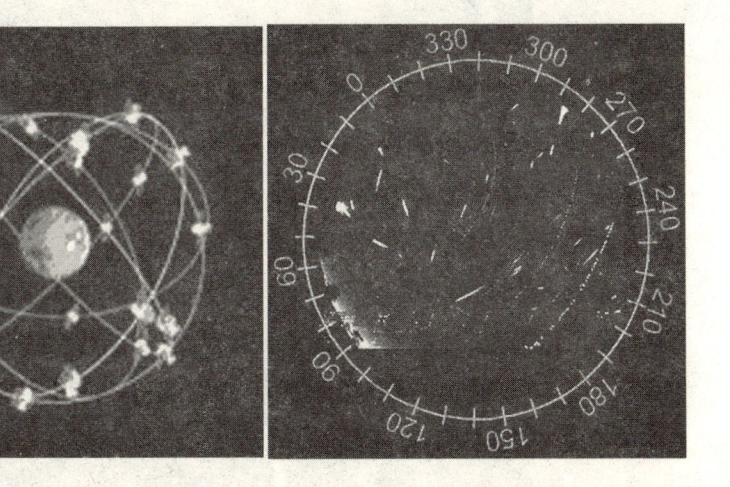

24 颗工作卫星组成 GPS 的空间部分　　　　望远镜中的流星

GPS 构成

1.空间部分

GPS 的空间部分是由 24 颗工作卫星组成，位于距地表 20200km 的上空，均匀分布在 6 个轨道面上 (每个轨道面 4 颗)，轨道倾角为 55°。此外,还有 4 颗有源备份卫星在轨运行。卫星的分布使得在全球任何地方、任何时间都可观测到 4 颗以上的卫星，卫星中预存的导航信息还可用一段时间，但导航精度会逐渐降低。

2. 地面控制系统

地面控制系统由监测站、主控制站、地面天线所组成。主控制站位于美国科罗拉多州春田市 (Colorado Spring)。地面控制站负责收集由卫星传回的讯息，并计算卫星星历、相对距离、大气校正等数据。

3.用户设备部分

用户设备部分即 GPS 信号接收机。其主要功能是能够捕获到按一定卫星截止角所选择的待测卫星，并跟踪这些卫星的运行。当接收机捕获到跟踪的卫星信号后，就可测量出接收天线至卫星的伪距离和距离的变化率,调解出卫星轨道参数等数据。根据这些数据，接收机中的微处理计算机就可按定位解算方法进行定位计算，计算出用户所在地理位置的经纬度、高度、速度、时间等信息。接收机硬件和机内软件以及 GPS 数据的后处理软件包构成完整的 GPS 用户设备。

GPS 导航系统的基本原理

GPS 导航系统的基本原理是测量出已知位置的卫星到用户接收机之间的距离，然后综合多颗卫星的数据就可知道接收机的具体位置。

GPS 功用

全球定位系统的主要用途： (1) 陆地应用，主要包括车辆导航、应急反应、大气物理观测、地球物理资源勘探、工程测量、变形监测、地壳运动监测、市政规划控制等； (2) 海洋应用，包括远洋船最佳航程航线测定、船只实时调度与导航、海洋救援、海洋探宝、水文地质测量以及海洋平台定位、海平面升降监测等； (3) 航空航天应用，包括飞机导航、航空遥感姿态控制、低轨卫星定轨、导弹制导、航空救援和载人航天器防护探测等。

GPS 前景

由于 GPS 技术所具有的全天候、高精度和自动测量的特点，GPS 作为先进的测量手段和新的生产力，已经融入了国民经济建设、国防建设和社会发展的各个应用领域,前景非常可观。

掌握金融规律比登天还难

现实证明，人类登天早已不是什么难事，然而，人类掌握金融规律仍是一件无影无踪的事，金融危机、金融的不确定性已成为人类最大的威胁和挑战之一。主要原因如下：

一是因为金融资产属于无形资产，看不见，摸不着，因此，人类还没有搞清楚金融到底是什么，更不要说金融的定位和规律了。

二是因为金融或者说金融学应该是自然科学和人文学科的系统集成，其中自然规律起主导作用。然而，现实中金融始终被视为人类的意识范畴，人类不断试图随心所欲，但均遭失败。

三是因为人类只有经历过某个时代或社会才有可能了解其基本规律。人类刚刚从农业社会、工业社会进入到金融社会，正处于金融社会的"农耕"和"盲人摸象"时代。

新金融：金融世界的 GPS

宇宙万物皆有规律，人类迄今发现的只是沧海一粟。要想发现事物的规律，首先要发现事物的存在，然后再进行定性定量分析，从而找到规律。GPS 已经并将继续在这一过程中发挥重要作用。一方面，绝大多数事物的存在，人类的肉眼是看不见的，人类不得不借助各种科学仪器。比如，人类通过天文望远镜和高倍显微镜可以看到或者发现很多人类肉眼无法看到的事物。又比如，通过 X 光、心电图、脑电图等医疗仪器，我们可以看到人体的五脏六腑。另一方面，由于人类肉眼的局限性，人类看到的少数事物往往与客观存在很大差异，所以我们经常强调要全面地看问题。

整个金融世界看似无形，其实有形，只是人类尚未认识到这一点，更无法界定和定位，更不用说金融的规律了。然而，以金融树体系、金融科学体系为核心的新金融，犹如金融世界的 GPS，不仅破天荒地找到了金融的所有定位和物理属性，而且揭示了金融的所有规律。换句话说，包括金融在内的很多事物看似看不见摸不着，是因为我们没有掌握它们的规律，一旦掌握了规律，你就可以像 GPS 一样清晰地看到它们，准确地定位和分析它们。

新金融是由金融树体系、系统金融学、金融生态学、金融科学等组成的庞大金融科学体系。它与现有金融学存在巨大区别，比如，它将所有金融要素及其规律系统集成为一个动态的，一目了然的，牵一发而动全身的统一体。又比如，它将金融学从充满主观意识的人文学科系统集成到以自然科学为主的综合交叉学科等。

之所以说新金融是金融世界的 GPS，是因为新金融的核心——金融树体系不仅能找到或定位所有金融要素及其物理属性，而且是金融规律的系统集成。

一棵金融树怎么会成为所有金融规律的系统集成？宇宙天地为一体，一生万物，万物归一。树，根植于大地，生长向天空，通天接地，全方位与宇宙万物互动，万物之变，无事不知，无所不晓，因此，树乃天地规律的集大成者！

作为金融规律、金融产品、金融市场、金融体系、金融知识、金融的过去、现在和未来的系统集成，金融树链接着金融世界的天与地，因此，以金融树为核心的新金融是整个金融世界的风向标、温度计、度量衡、指南针、GPS，全面揭开了金融与危机变化无常的神秘面纱，充分展现了天人合一的完美规律。

知识产权声明

    《新金融宣言》一书的所有版权均属本书作者丁大卫先生所有，未经丁大卫先生本人书面授权，任何单位、团体和个人不得以任何形式和理由对本书的任何内容进行复制、摘录、备份、修改、传播、翻译，否则，依法追究法律责任。

    鉴于本书的诸多内容已经获得多项国内外知识产权认证，因此本书所涉及的权利不仅包括版权，而且包括丁大卫先生所依法拥有的相关商标权、专利权等其他知识产权权利。

    现已发现多起假冒丁大卫先生进行误导或欺骗广大投资者的行为，不少投资者已上当受骗，丁大卫先生在此提醒公众注意。

    丁大卫先生已经授权其法律顾问——北京市中伦文德律师事务所全权处理包括但不限于本书的所有权益的所有法律事务。

作者签名：　　　　日期：2009 年 12 月 8 日

新金融宣言

中国华侨出版社 2010 年年度巨献！

中国华侨出版社